PHILIPPE KARL

Hohe Schule mit der Doppellonge

Präsentiert von einem Reiter des
Cadre Noir in Saumur

Zweite Auflage

Die Abbildungen dieses Buches stammen aus Arbeitsstunden, die zwischen Mai 1988
und Januar 1989 an der École Nationale d'Équitation stattfanden; ermöglicht wurden
sie durch den aufopfernden Einsatz und die Kompetenz der Mitarbeiter der Videoabteilung.
Die Photographien sind von Herrn A. Laurioux.
Herr G. Petiteau war für die Videoaufnahmen zuständig.
Die Pferde waren der Pflege von Herrn R. Mercier anvertraut.

Die in diesem Buch abgebildeten Pferde sind:

Im Kapitel »Einführung«:
Stupéfiant de Retz, vierjähriger Hengst, Selle français (SF) von Nadir (Vollblut)
aus der Gypsophile (SF), gezogen von Herrn G. Hourcabie.

Im Kapitel »Vertiefung«:
Raid II, fünfjähriger Hengst, SF von Votez Bien (Angloaraber) aus der Escadrille (SF),
gezogen von Herrn Bastin-Lavauzelle.

Im Kapitel »Vervollkommnung«:
Odin, achtjähriger Hengst, lusitanisches Vollblut von Emir aus der Guiza,
gezogen von Herrn R. Bouzin.

INHALT

Widmung

General Pierre Durand,
dem ich das unschätzbare Glück
verdanke, an die École
Nationale d'Équitation berufen
worden zu sein.

Colonel François de Beauregard,
dem ich die Auszeichnung und
Ehre verdanke, in den Cadre Noir
aufgenommen worden zu sein.

Monique Bastide
André Rioton
Martine, Eglantine
und Valentin

Übersetzung: Rita Hebel

BLV Verlagsgesellschaft mbH
München Wien Zürich
8000 München 40

Titel der französischen Originalausgabe:
Emploi des Longues Rênes
© Éditions Maloine, Paris 1990

© der deutschsprachigen Ausgabe:
BLV Verlagsgesellschaft mbH, München 1996

Umschlaggestaltung:
F & H Werbeagentur GmbH, München

Satz: Typodata, München

ISBN 3-405-14248-2

Druck- und Bindearbeiten:
Graficromo S.A. / Córdoba - Spain

Die Deutsche Bibliothek –
CIP-Einheitsaufnahme

Hohe Schule mit der Doppellonge
präsentiert von einem Reiter
des Cadre Noir in Saumur/Philippe
Karl. [Übers.: Rita Hebel]. – 2. Aufl.
München; Wien; Zürich: BLV, 1996
    Einheitssacht.:
    Emploi des longues rênes <dt.>
    ISBN 3-405-14248-2
NE: Karl, Philippe; EST

VORWORT

Ich habe es übernommen, Philippe Karls Werk dem Leser vorzustellen, da es mir eine Freude ist, auf diese Weise einem meiner ehemaligen Mitarbeiter meine Wertschätzung auszudrücken und gleichzeitig an seinem Beispiel einige typische Eigenschaften eines Bereiters unserer Zeit darzustellen.

Vor etwa zehn Jahren fiel mir Philippe Karl als Autor eines Artikels in einer Fachzeitschrift auf. Es handelte sich um eine recht unsanfte Kritik der Ausbildung der Pferde in den Schulsprüngen, wie sie in Saumur gehandhabt wird. Ich sah von den Neidgefühlen ab, die die privilegierte Situation der Saumurer Bereiter bei einem Berufsreiter wecken kann, und richtete meine Aufmerksamkeit auf den objektiven Charakter mancher seiner Beobachtungen.

Es stimmt, daß die Härte der Lektionen, die von den Ausbildern aufgewandte Energie und die mit der Ausführung in der Abteilung verbundenen Zwänge die Prinzipien der französischen Reitkunst auf eine harte Probe stellen, vor allem die Leichtigkeit, die doch ihre Krönung und gleichzeitig ihre Hauptforderung ist.

Seit der Schließung der Versailler Schule, als die Kavallerieausbilder stillschweigend mit der Aufgabe akademischer Traditionspflege betraut wurden, die nur schwer mit ihrem eigentlichen Beruf in Einklang zu bringen war, gab es in Saumur mehr Kritikaster als konstruktive Neuerer. Da sein erstes Buch Lösungsvorschläge für die von ihm aufgeworfenen Probleme bot, wurde Philippe Karl zum Bereiter an der École Nationale d'Équitation ernannt. Er hatte im rauhen Klima der Berufsreiterei bestanden und verfügte über reichhaltige Erfahrung, an der es in dieser aktuellen Form dem Stammhaus mangelte. So verdiente er sich schnell die goldenen Sporen des Cadre Noir; er beschloß, seine Kenntnisse von der Arbeit an der Hand zu vertiefen, um sie desto vollständiger an seine Schüler weiterzugeben, und bereicherte die Vorführungen des Cadre Noir um einen Ausschnitt aus der Schulreiterei in Form eines historischen Schaubildes.

Hier beginnt die Geschichte des Hengstes »Odin«, eines in Frankreich gezogenen lusitanischen Vollblüters, dessen Ankauf durch den Staat eine noch mühseligere Angelegenheit war als die Wiederbelebung von Herrn de St. Vual! Hier beginnt auch die Geschichte des Angloarabers »Raid«, dessen Springveranlagung das vielseitige Bild von der französischen Reiterei abrundet.

Denn es geht durchaus um Sport an der Staatlichen Reitschule, die Ausbildung, Traditionspflege und Forschung eng miteinander verbindet. So entgehen die Bereiter der Versuchung, die Gecken der *Belle Epoque* nachzuahmen. Die für Offiziere meiner Generation so schmerzliche Trennung zwischen Kavallerie und Reiterei hat gleichwohl die Bedeutung des schwarzen Rocks gegenüber anderen symbolträchtigen Kleidungsstücken klärend abgegrenzt, wie der khakifarbenen Uniform des Heeres, dem grauen Kittel des Volksschullehrers, dem blauen Trainingsanzug des Turners und ... der dunkelbraunen Mönchskutte.

Bereits heute sollten die Bereiter als kultivierte und aufgeschlossene Persönlichkeiten sich ermutigt fühlen, ihre in Forschung und Austausch gewonnenen Erkenntnisse zu veröffentlichen. Die modernen Saint-Phalles des Cadre Noir können dazu beitragen, den guten Ruf unserer Schule zu verbreiten.

Ich wünsche Philippe Karl, zu diesen schreibenden Reitmeistern zu gehören, und sehe der Fortsetzung seiner Arbeit an der schulgerechten Ausbildung der *Sauteurs* optimistisch entgegen.

General (a.D.) Pierre Durand
Ecuyer en chef von 1975 bis 1984
Direktor der École Nationale d'Équitation von 1984 bis 1988

»Als im Zeitalter der
Renaissance Dichtung, Wissenschaft
und Schöne Künste aufblühten,
begann man in Italien, das Reiten halbwegs
methodisch zu unterrichten ...
Solange es weder Schulställe noch
systematischen Reitunterricht gab, und
solange die Adligen sich damit
brüsteten, daß sie weder lesen noch schreiben
konnten, machte die Reitkunst
keinerlei Fortschritte.«

F. Musany,
Propos d'un écuyer *(Anmerkungen eines*
Bereiters), 1895

I

GESCHICHTE

Die italienische Renaissance stellt in der Entwicklung der Reitkunst einen entscheidenden Punkt dar. Brachte doch der Begründer der französischen Schulreiterei, Antoine de Pluvinel (1555–1620), die Verwendung der Pilaren in der Ausbildung des Pferdes aus der berühmten napolitanischen Schule des Gianbattista Pignatelli mit.

In seinem Werk »L'instruction du Roy en l'exercice de monter à cheval« (Unterrichtung des Königs in der Übung des Reitens) legt Pluvinel dem jungen König Ludwig XIII. detailliert zunächst den Nutzen des einfachen Pilaren dar, um das junge Pferd gehorsam und geschmeidig zu machen, dann die Vorzüge der doppelten Pilaren, um zu versammeln und die Schulsprünge vorzubereiten. Im 17. Jahrhundert wurde die Arbeit in den Pilaren als wesentliche Technik der Schulung des Pferdes an der Hand trotz einiger Einwände, namentlich von seiten des Herzogs von Newcastle, *ständig eingesetzt*. Die Meister des 18. Jahrhunderts fuhren auf demselben Weg fort, und F. Robichon de La Guérinière erklärt in »L'École de Cavalerie«: »Nicht nur sehe ich die Pilaren als ein Mittel, die Ausdauer, die Kraft, den frommen Charakter, die Leichtigkeit und die Willigkeit eines Pferdes hervortreten zu lassen, sondern sogar als ein Mittel, letztere Vorzüge denjenigen beizubringen, denen sie fehlen.« Gleichwohl ist gegen Ende des Jahrhunderts ein allmähliches Aufgeben des einfachen Pilaren zugunsten der Arbeit an der Longe sowie ein zunehmender Rückgang der Arbeit in den doppelten Pilaren zu beobachten.

Le Manège Royal (Der königliche Schulstall) von A. de Pluvinel. Arbeit an einem einzelnen Pilaren.

Denn wie sorgfältig die Schulung des Pferdes auch sein mag, die Pilaren haben den entscheidenden Nachteil, sich dem Vorwärtsdrang entgegenzustellen.

In dieser Suche nach Verfahren, die die begrenzte Einsatzmöglichkeit der Pilaren ausgleichen, ist Federigo Mazzuchelli (1760–1830) einzuordnen, ein renommierter Ausbilder, der in Mailand eine Schule unterhielt. 1805 veröffentlichte er »Elementi di Cavalerizza«, ein Meilenstein der Reitliteratur, da dieses Werk erstmals die Verwendung der *Langen Leinen* in der Ausbildung des Reitpferdes empfiehlt – als Ergänzung der Arbeit in den Pilaren. Ein junger Franzose, der noch von sich reden machen sollte, war

Üben der Pesade in den Pilaren.

damals Hilfspikeur im Stall des Fürsten Borghese und ein aufmerksamer Beobachter bei Maestro Mazzuchelli – sein Name: François Baucher.

Heutzutage wird die Doppellonge gewöhnlich als ein Mittel zum *Anlernen* zukünftiger Fahrpferde angesehen oder aber als eine raffinierte Art, unter dem Sattel schon weit fortgeschrittene Pferde vorzuführen. Es läßt sich jedoch durchaus denken, daß unter der Voraussetzung vernünftigen Vorgehens und einiger materieller Vorkehrungen die Doppellonge wirksam in der Ausbildung des Reitpferdes eingesetzt werden kann. Dabei werden folgende Ziele angestrebt:

• Eine Situation schaffen, in der der Mensch versucht, vom Pferd als einfacher Artgenosse angenommen zu

werden und so sein Vertrauen zu gewinnen. Dann sich nach und nach Respekt verschaffen und zum »Leittier« aufsteigen. Zu Fuß kann der Ausbilder ein Vertrautsein erreichen, das im Prinzip unvorstellbar ist, wenn er sich auf dem Rücken des Pferdes und damit in einer »Raubtier«-Position befindet.

• Die Verhaltensformen des Pferdes beobachten und analysieren.

• Die Sprache der Hilfen lernen, bevor man sie vom Sattel aus anwendet.

• Mit Hilfe einer rationellen Gymnastik und ohne die vom Reitergewicht erzeugten Störungen Losgelassenheit, Geschmeidigkeit und Balance verbessern.

Von den anderen Arbeitstechniken zu Fuß unterscheidet sich die Doppellonge wie folgt:

• Von seiten des Ausbilders verlangt sie mehr Erfahrung und Geschick als die Arbeit an der Longe. Dagegen bietet sie reichere Anwendungsmöglichkeiten und stellt für das Pferd einen geringeren Zwang dar als jegliche Art von Hilfszügeln. Der Ausbilder kann verhalten, nachgeben, die Hand stehenlassen oder weich werden sowie das Pferd biegen und Gang, Haltung, Hufschlagfiguren frei variieren.

• Wenn auch die Verbindung zwischen Hand und Pferdemaul an der Doppellonge lange nicht so fein ist wie bei der Arbeit auf Schulterhöhe, so hat doch die Doppellonge den großen Vorteil, die Hinterhand präzise einzurahmen und den Vor-

Arbeit am langen Zügel
nach Federigo Mazzuchelli.

wärtsdrang nicht einzuengen, dessen Ausprägung allein von den Bewegungen des Ausbilders abhängt. Die nachfolgende Darstellung möchte sämtliche Anwendungsmöglichkeiten der Doppellonge im Laufe der vollen Ausbildung eines Reitpferdes untersuchen, ohne irgendeinen Aspekt zu vernachlässigen.

EINFÜHRUNG

Indem sie vom Einfachen zum Komplizierten führt, kann die Arbeit an der Doppellonge auf die erste Longenarbeit folgen und sie im Hinblick auf ein sorgfältiges Anreiten bereichern. Das Pferd wird dabei so weit wie irgend möglich im Gehorsam auf die Hilfen geschult, bevor es überhaupt geritten wird.

VERTIEFUNG

Bei der Verfeinerung der Ausbildung durch Über- und Seitengänge stellt die Doppellonge zusätzlich eine Schulung unter dem Reiter dar. Eine veränderte Arbeitssituation ist immer interessant, und es ist lehrreich, sein Pferd unbelastet vom Reiter sich bewegen zu sehen.

VERVOLLKOMMNUNG

Vorausgesetzt, daß er die Hinterhand unter Kontrolle und das Pferd durch Schulen in der ganzen Skala der Seiten- und Übergänge sicher am Zügel hat, kann der Ausbilder evtl. die Doppellonge nutzen, um Fortschritte auf dem Weg zur *Versammlung* zu erzielen.

II

GRUNDBEGRIFFE DER GYMNASTIZIERUNG DES PFERDES

D a einer der Haupttrümpfe der Arbeit zu Fuß in der Möglichkeit besteht, die Verhaltensweisen des Pferdes zu beobachten, ist es für den Ausbilder unverzichtbar, zu ihrer Analyse auf objektive Anhaltspunkte zurückgreifen zu können.

Mit einer jener lapidaren Formeln, die sein Geheimnis waren, sagte Meister Oliveira: »In der Reiterei gibt es zwei Dinge, die Technik und den Geist.« Es ist ja offensichtlich, daß die Reiterei, wie jede Ausdrucksform, nur in dem Maße eine künstlerische Dimension erreicht, in dem sie technischen Zwängen enthoben scheint – doch um sich von ihnen zu befreien, braucht es technisches Höchstniveau... Das Gefühl für die Tierpsychologie, Takt und Einfühlungsvermögen des Ausbilders können nur in korrekte Arbeit umgesetzt werden, wenn er sich gleichzeitig auf objektive Fakten der Anatomie, Gleichgewichts- und Bewegungslehre des Pferdes stützt. Hat nicht der berühmte deutsche Reitmeister des 19. Jahrhunderts, Gustav Steinbrecht, der ein begeisterter Anhänger der französischen Schule war, sein Werk »Gymnasium des Pferdes« genannt?

Für ein vertiefendes Studium von Anatomie und Bewegungslehre kann die »Equitation raisonnée« (Durchdachtes Reiten) von Commandant Licart gar nicht genug empfohlen werden. Hier soll es lediglich darum gehen, die grundlegenden Fakten zu betonen, auf denen eine möglichst zuverlässige Gymnastizierung aufbauen kann.

GRUNDLEGENDE FAKTEN DER BEWEGUNGSLEHRE

Wie Commandant Licart berichtet, verdanken wir die erste detaillierte kinematographische Studie der Gangarten anscheinend Commandant Chamorin. Sie läßt erkennen, daß die Bewegungen des Pferdes stark von den Schwingungen der Wirbelsäule abhängen: »Diese Schlangenbewegung, die elementarste Fortbewegungsweise, ist selbst den höchstentwickelten Tieren geblieben, auch wenn sie Gliedmaßen besitzen und gleich, ob sie nun auf vier oder auf zwei Beinen gehen.« (Licart)

Diese Schwingungen der Wirbelsäule treten in waagrechter wie in senkrechter Richtung auf.

In den drei Grundgangarten kann man beobachten, daß
• parallele Ausrichtung der beiden Gliedmaßen eines seitlichen Beinpaares eine mehr oder weniger gerade Lage der gesamten Wirbelsäule hervorruft;
• konvergente Ausrichtung der beiden Gliedmaßen eines seitlichen Beinpaares mit einer konkaven Biegung der Lendenwirbel einhergeht;

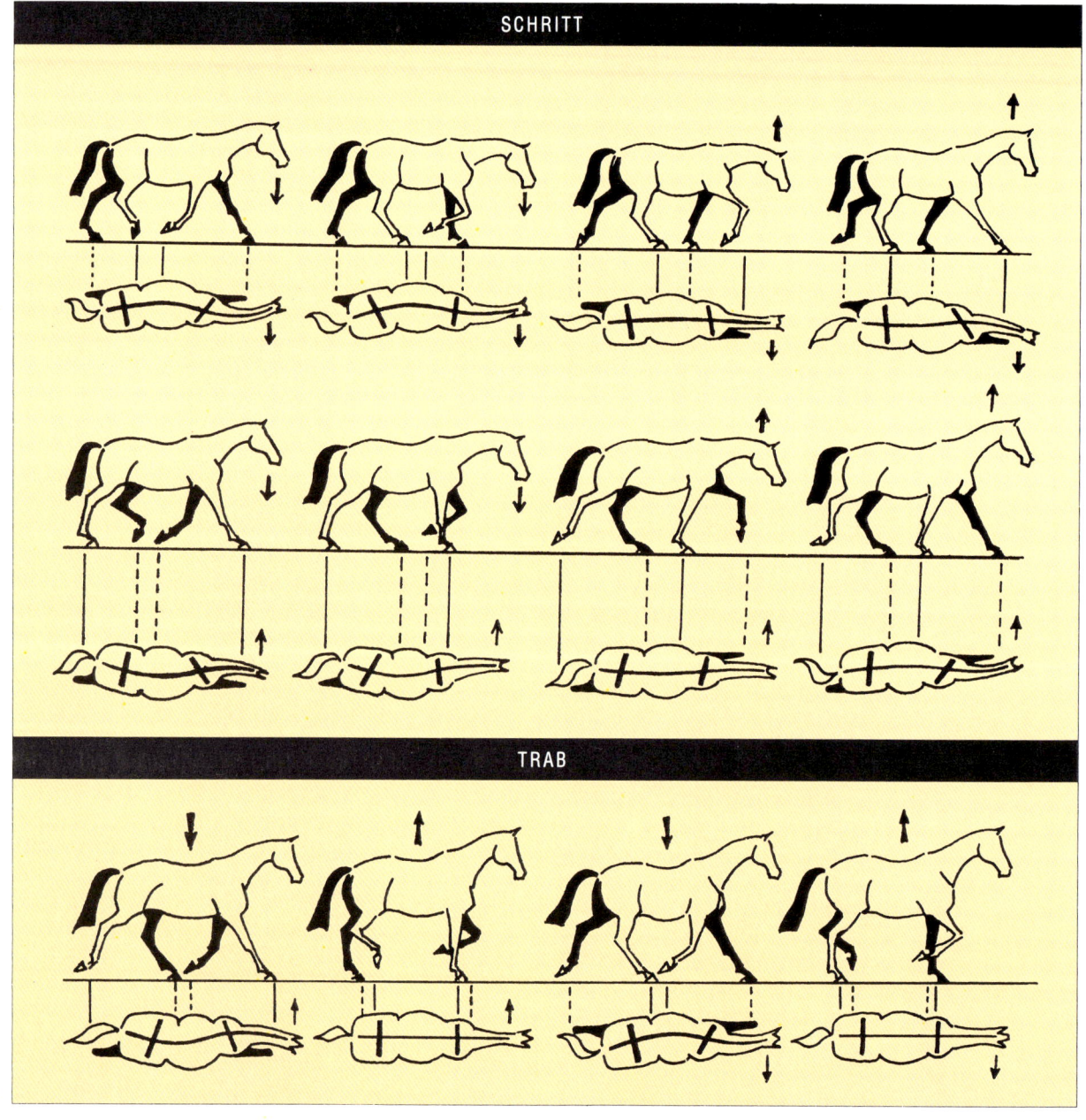

SCHRITT

TRAB

Skizzen nach Commandant Licart, »Equitation Raisonnée« (Schwingungen der Wirbelsäule absichtlich überbetont).

• divergente Ausrichtung der beiden Gliedmaßen eines seitlichen Beinpaares mit einer konvexen Biegung der Lendenwirbel einhergeht.

• In den beiden symmetrischen Gangarten *Schritt* und *Trab* bilden die Schwingungen der Wirbelsäule eine Art S und umgekehrtes S. Die Hinterbeine treten abwechselnd unter. Die Lendenwirbelsäule nimmt eine nach der Seite des untertretenden Hinterbeines konkave und daher nach der des abfußenden Hinterbeines konvexe Form an. Im *Schritt* und im *Trab* sind die waagrechten Schwingungen vorherrschend.

• Im *Galopp* sind die waagrechten Schwingungen der Wirbelsäule asymmetrisch und stark reduziert. Im Linksgalopp bilden sie eine Folge von S, im Rechtsgalopp von umgekehrten S. Da die Hinterbeine fast gleichzeitig auf- und abfußen, herrschen im Galopp die senkrechten Schwingungen vor.

• Die Länge der Tritte und Sprünge hängt von der »Wellenlänge« der schwingenden Wirbelsäule ab, und zwar im Schritt und Trab in waagrechter, im Galopp in senkrechter Richtung. Die Biegsamkeit der Wirbelsäule nach allen Seiten zu erhalten und weiterzuentwickeln, gehört daher zu den Hauptzielen der Ausbildung.

• Schließlich besitzen alle Pferde, da es im Tierreich keine Symmetrie gibt, eine mehr oder weniger ausgeprägte natürliche Schiefe nach der einen oder anderen Seite. Sie bleibt nicht ohne Auswirkungen auf den gesamten Bewegungsapparat.

Im Falle der natürlichen Schiefe rechts neigt das Pferd dazu:

• von rechts hinten nach links vorne schräg zu gehen;

• mit dem linken Hinterbein mehr zu schieben als zu tragen;

• mit dem rechten Hinterbein mehr zu tragen als zu schieben;

• bei Rechtswendungen nach außen und bei Linkswendungen nach innen zu drängen.

Der Bewegungsapparat kann seine volle Leistung nur in gerader Richtung erbringen, und nur das Pferd kann geradegehen, dessen Wirbelsäule symmetrisch schwingt. So besteht Ausbilden vor allem aus Geraderichten. »Der Pferdemann auf

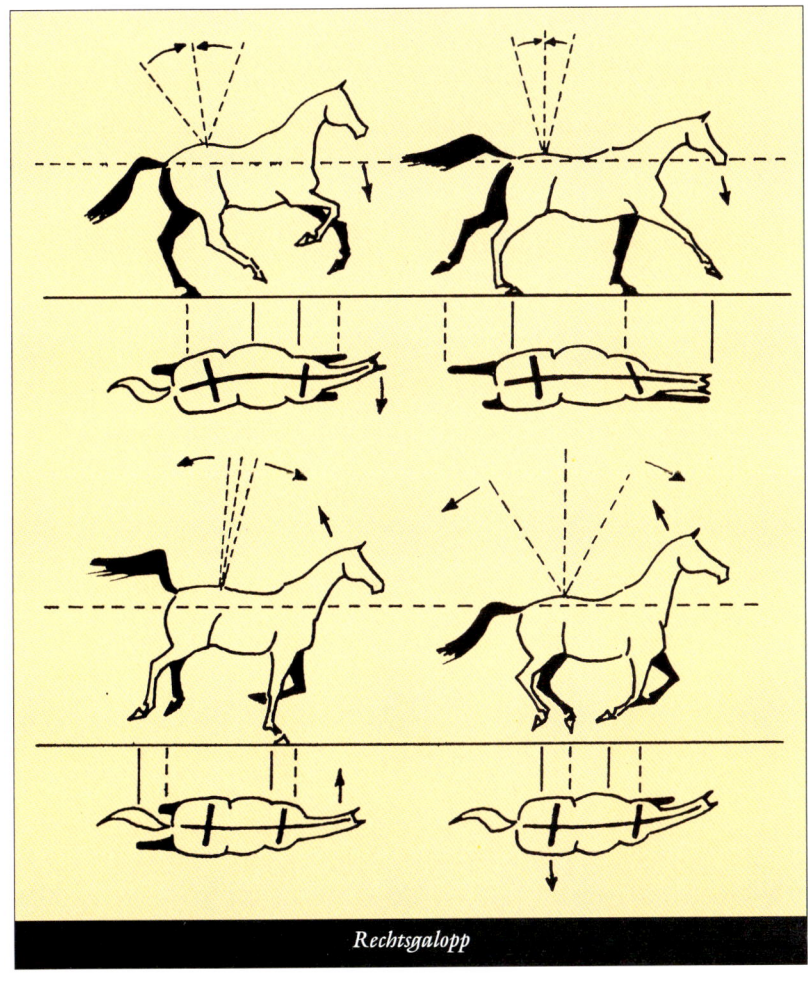

Rechtsgalopp

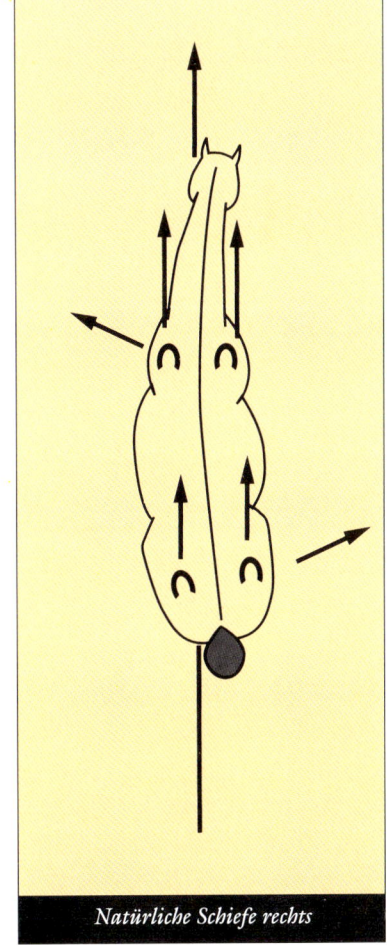

Natürliche Schiefe rechts

der Höhe seiner Kunst verbringt sein ganzes Leben damit, diese Unvollkommenheit zu korrigieren.« (D'Auvergne)

CHARAKTERISTIKA DER GRUNDGANGARTEN IN DER AUSBILDUNG

Der Schritt

Es handelt sich um eine symmetrische, schreitende Gangart (ohne Schwebephase) im Viertakt mit der Fußfolge: vorn links, hinten rechts, vorn rechts, hinten links und so weiter.

Ein Schritt

Phasen	Stützbasis
1	Dreibeinstütze mit vorn rechts
2	Diagonales Beinpaar rechts
3	Dreibeinstütze mit hinten links
4	Seitliches Beinpaar links
5	Dreibeinstütze mit vorn links
6	Diagonales Beinpaar links
7	Dreibeinstütze mit hinten rechts
8	Seitliches Beinpaar rechts usw.

Im Schritt besitzt das Pferd also ein sehr stabiles Gleichgewicht, da sich jeder einzelne Schritt aus einer Abfolge von vier dreifüßigen Stützphasen zusammensetzt, die von vier zweifüßigen Stützphasen (zwei diagonalen und zwei seitlichen) unterbrochen werden. Der Hals spielt in dieser Gangart eine aktive Rolle als Balancierstange.
Diese ruhige, langsame und stabile Gangart macht das Pferd für die Hilfen empfänglich und ermöglicht dem Reiter eine große Präzision in ihrer Anwendung. Im Schritt ist es am ein-

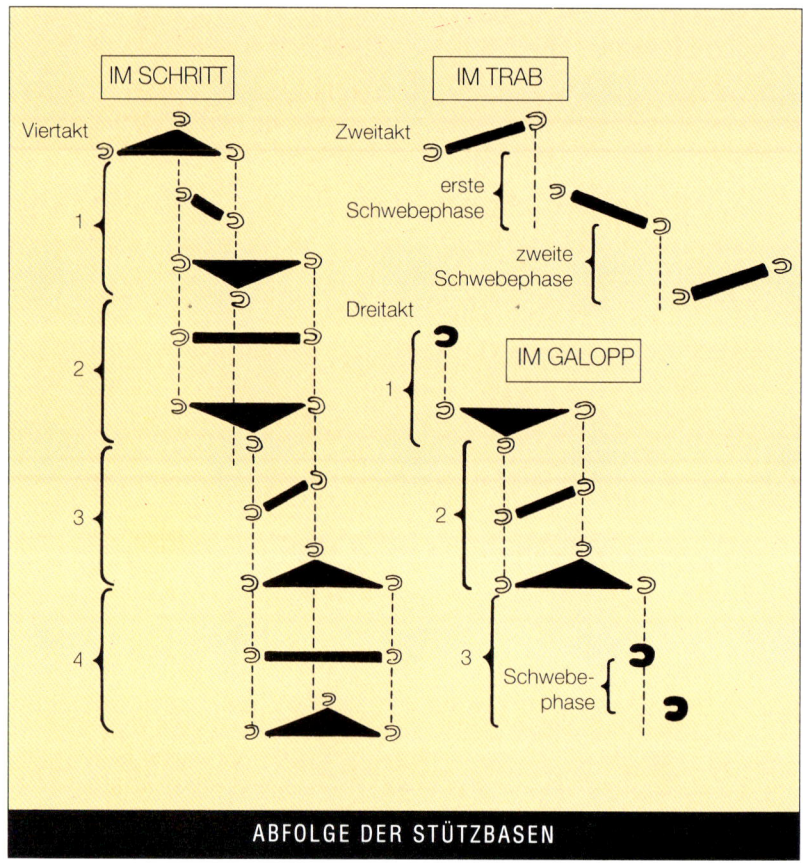

IM SCHRITT — Viertakt — 1 2 3 4
IM TRAB — Zweitakt — erste Schwebephase — zweite Schwebephase — Dreitakt
IM GALOPP — 1 2 3 — Schwebephase

ABFOLGE DER STÜTZBASEN

fachsten, zu lösen und Widerstände zu bekämpfen. Gleichwohl hat der Reiter nur mäßigen Einfluß auf das Gleichgewicht des Pferdes, dessen stets auf zwei oder drei Beinen solide abgestütztes Körpergewicht in dieser Gangart nur wenig in Bewegung kommt. Ferner zieht das für einen aktiven Schritt so unverzichtbare freie Spiel des Halses natürlich einen Mangel an Stetigkeit der Vorhand nach sich, der das Schulen der *Anlehnung* begrenzt. Wer die Ausbildung auf diese Gangart begründen wollte, ginge daher das Risiko ein, den Schwung der Präzision zu opfern.

Der Trab

Es handelt sich um eine springende, symmetrische und diagonale Gangart mit zwei Schwebephasen. Das Pferd federt von einem diagonalen Beinpaar auf das andere und befin-

det sich daher in einem ziemlich unstabilen, jedoch regelmäßigen und dynamischen Gleichgewicht, das der Reiter wirkungsvoll beeinflussen kann. Ferner ist der Trab die einzige Gangart, in der Hals und Kopf von Natur aus feststehen. Diese Eigenheit bestimmt ihn als die Grundgangart, in der eine Anlehnung erworben werden kann, die den Vorwärtsdrang nicht behindert, ja sogar aus ihm hervorgeht.
Außerdem bestätigen drei einfache Beobachtungen die wesentliche Rolle des Trabes zum Ausbalancieren des Pferdes:
• das Studium des Bewegungsablaufs zeigt, daß alle Übergänge zwischen den Gangarten über eine diagonale Stützbasis ablaufen;
• beim Rückwärtsrichten, jenem »Rückwärtsgang«, der eine Gewichtsverlagerung auf die Hinterhand vor-

Fußfolge		
	Rechtsgalopp	Linksgalopp
Dreitakt 1	hinten links (1)	hinten rechts (1)
2	diagonales Beinpaar links (2)	diagonales Beinpaar rechts (2)
3 (Schwebephase)	vorn rechts (3)	vorn links (3)
	hinten links usw.	hinten rechts usw.

Abfolge der Stützbasen		
	Rechtsgalopp	Linksgalopp
Stützbasis	hinten links	hinten rechts
Stützbasis	Dreibeinstellung vorn links	Dreibeinstellung vorn rechts
Stützbasis	diagonales Beinpaar links	diagonales Beinpaar rechts
Stützbasis	Dreibeinstellung hinten rechts	Dreibeinstellung hinten links
Stützbasis	vorn rechts	vorn links
	Schwebephase usw.	Schwebephase usw.

aussetzt, nimmt das Pferd spontan die diagonale Fußfolge an.

• wenn das Pferd sich unter dem Einfluß irgendeiner Art von Erregung auf der Stelle bewegt, nimmt es spontan die diagonale Fußfolge an – und piaffiert.

So zeigt das natürliche Verhalten deutlich, daß das Pferd mit diagonalen Bewegungen am besten über sein Gleichgewicht verfügt. Daher kommt dem Trab unwidersprochen eine Schlüsselstellung in der Gymnastizierung des Pferdes zu.

Der Galopp

Es handelt sich um eine springende und wiegende, unsymmetrische Gangart im Dreitakt mit einer Schwebephase. Charakteristisch für den Galopp ist das Vorgreifen (während etwa zwei Dritteln der Zeit) eines seitlichen Beinpaars vor das andere. Folglich unterscheidet man einen Rechts- und einen Linksgalopp.

Im Galopp spielt der Hals eine bedeutende Rolle als Balancierstange. Er dehnt und senkt sich bei der Wiegebewegung von der Hinterhand auf die Vorhand und erhebt sich wieder beim Wiegen von der Vorhand auf die Hinterhand.

Wenn der Galopp auch nicht von vorneherein eine für das Schulen der Anlehnung günstige Gangart ist, so bietet er doch andererseits den Vorteil, durch abwechselndes Strecken und Zusammenziehen die gesamte Oberlinie des Pferdes zu aktivieren. Gleichwohl wirft der Galopp als Arbeitstempo zahlreiche Probleme auf:

• Stützbasen und Gleichgewicht sehr fließend – daher schwierig zu beherrschen.

• die Geschwindigkeit führt leicht zu Aufregung und schneller Ermüdung;

• unsymmetrische Bewegungen der Gliedmaßen verstärken die Schiefe und mangelnde seitliche Biegsamkeit. Aus all diesen Gründen muß man wohl den Galopp eher als ein Mittel ansehen, die im Schritt und Trab erreichten Fortschritte zu testen, als eine Gangart, auf die sich die Ausbildung stützt.

Zusammenfassend könnte man die allgemeine Verwendung jeder Gang-art in der Erziehung des Reitpferdes in einer lapidaren Formel darstellen:

• einführen im Schritt;

• schulen und vervollkommnen im Trab;

• überprüfen und festigen im Galopp.

Springen

Das Springen tut jedem Pferd gut, unabhängig von seiner späteren Bestimmung. Es fördert die Entwicklung seiner inneren Vorzüge, gibt ihm Mut; es stellt ferner eine unersetzliche gymnastische Übung dar, welche dazu beiträgt,

• Geschicklichkeit und Gleichgewicht zu verbessern;

• die Hinterhand zu stärken;

• die gesamte Oberlinie, von den Ohren bis zum Schweif, zu lösen und rund zu machen.

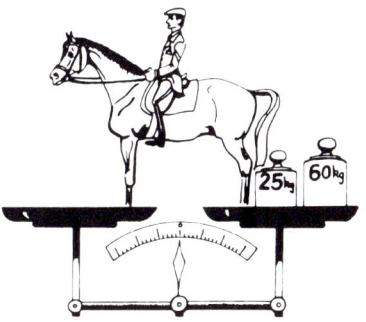

GLEICHGEWICHT

»Der Jongleur, der eine Pfauenfeder senkrecht auf seiner Nasenspitze balanciert, verändert ununterbrochen seine Stützbasis, um das Gleichgewicht der Feder zu erhalten und ihren Fall zu verhindern. So bestimmt die Feder mit jeder ihrer Neigungen die Bewegungen des Menschen, der ihr als Untersatz dient.« (Gleichgewichtsstudie übereinanderliegender Körper nach Ch. Raabe).

» ... je leichter die Gewichtsverlagerung nach allen Seiten fällt, desto vollkommener ist das Gleichgewicht. Diesem Prinzip folgend, sagt man, daß das Pferd »im Gleichgewicht« geht, wenn der Reiter die Verteilung des Gewichts auf die stützenden Gliedmaßen mit einfachen Hinweisen nach Belieben verändern kann.« (Faverot de Kerbrech)

Es ließen sich zahlreiche weitere Zitate anführen, um zu untermauern, daß »Gehorsam, Gleichgewicht und Leichtheit« untrennbar verbunden reiterliche Grundbergriffe sind.

Die von General Morris und Baucher ausgeführten, später von Capitaine de Saint-Phalle bestätigten Versuche ergeben präzise Angaben zum statischen Gleichgewicht des Pferdes unter dem Reiter.

Zwei speziell hergerichtete Waagen ermöglichen es, das von den Vorderbeinen (GV) und das von den Hinterbeinen (GH) getragene Gewicht festzustellen.

Bei allen Pferden des Versuchs wurde eine Überlastung der Vorderbeine beobachtet. Sie kann wie folgt ausgedrückt werden:

Überlastungsfaktor: $\dfrac{GV - GH}{\text{Gesamtgew.}}$

• Diese an einer großen Anzahl Pferde vorgenommenen Messungen ergaben folgende Schere:

$1/10 <$ Überlastung $< 1/8$ des Gesamtgewichts.

• Die Gegenwart des Reiters verstärkt dieses Ungleichgewicht:
- $2/3$ seines Gewichts ruhen auf den Vorderbeinen
- $1/3$ auf den Hinterbeinen.

• Mit voller Aufrichtung oder Senkung des Pferdehalses kann der Reiter $1/25$ des Gesamtgewichts nach hinten oder vorne verlagern.

Diese Fakten erklären das Ungeschick des jungen Pferdes unter dem Reiter und bekräftigen, daß ein guter Sitz und Gleichgewichtssinn die wichtigsten Qualitäten des Reiters sind. Schließlich zeigen sie die Rolle des Halses als Balancierstange auf und folglich, daß alle Gang- und Gleichgewichtsänderungen mit einer veränderten Kopf-Halsstellung

verbunden sein müssen.

Nehmen wir als Beispiel ein Pferd von 540 kg mit einem Reiter von 75 kg:

• natürliche Überlastung der Vorderbeine:

$$\frac{540}{9} = 60 \text{ kg}$$

• mit der Gegenwart des Reiters verbundene Überlastung:

$$\frac{75 \times 1}{3} = 25 \text{ kg}$$

• Gesamtüberlastung: 85 kg
• Veränderungen je nach Halsstellung: ± 22 kg.

In der Bewegung ist dieses Gleichgewicht der Geschwindigkeit förderlich, jedoch steht es einer präzisen Kontrolle der Kräfte des Pferdes durch den Reiter entgegen. Die Aufrichtung des Halses trägt bedeutend zum Ausbalancieren des Pferdes bei – sie ist notwendig, jedoch nicht ausreichend.

Da sich der vollkommen Gehorsam des Pferdes in seiner Beweglichkeit nach allen Seiten ausdrückt, wird der Ausbilder versuchen, eine harmonische Gewichtsverteilung zwischen Vor- und Hinterhand zu erreichen. Nur in einem unstabilen Gleichgewicht (erhöhtes Gleichgewichtszentrum über verkürzter Stützbasis)

LANGGEZOGENE STÜTZBASIS
Der Geschwindigkeit förderliches Gleichgewicht

VERKÜRZTE STÜTZBASIS
Verlust an Geschwindigkeit
Gewinn an Beweglichkeit

INSTABILES GLEICHGEWICHT
Von Gleichgewicht und Motorik abhängige Beweglichkeit nach allen Seiten

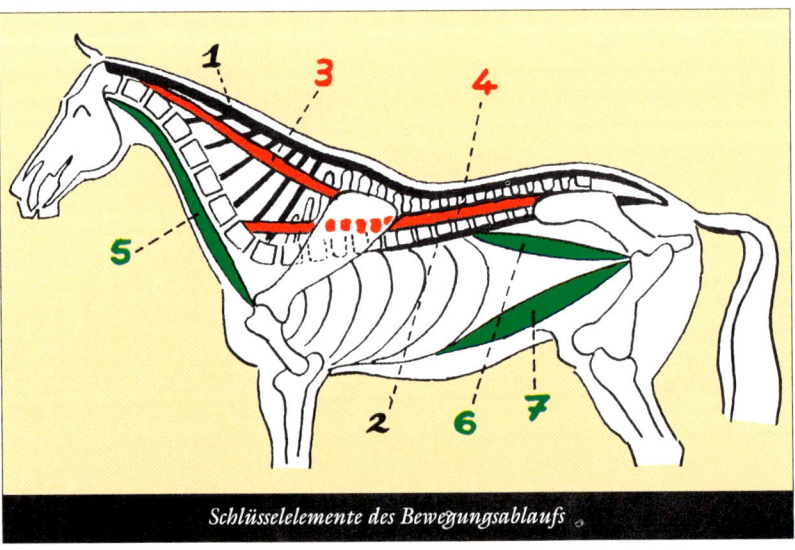

Schlüsselelemente des Bewegungsablaufs

kann eine bedeutende Masse geringfügigsten Gewichtsverlagerungen einer kleineren, auf ihr ruhenden Masse unterworfen sein.

Dieses unstabile Gleichgewicht kann nur durch Aufrichtung der Vorhand, verbunden mit Untertreten der Hinterhand, erreicht werden: die klassische Definition der Versammlung.

ANATOMIE UND BEWEGUNGSABLAUF

Die für den Bewegungsablauf bestimmenden Elemente sind:

1 – Das Nackenrückenband, das über die Dornfortsätze sämtlicher Wirbel den Kopf mit dem Kreuzbein verbindet. Es festigt die Lendenpartie und entfächert sich elastisch im Hals, dem es Halt gibt.

2 – Das Wirbelsäulenband haftet ebenfalls an den Wirbeln, vom Kreuzbein bis zum unteren Drittel des Rückens. Es verstärkt die Lendenpartie.

3 – Milzförmiger Muskel: Halsheber und Nackenstrecker.

4 – Langer Rückenmuskel: Strecker der Kreuz-Lendenpartie und Heber des Halsfundaments.

5 – Kopf-Hals-Armmuskel: Hals- und Nackenbeuger.

6 und 7 – Lenden- und Bauchmuskeln: Beuger der Lendenpartie.

AUFRICHTUNG DES HALSES

Da mit der Aufrichtung des Halses eine nicht unbeträchtliche Gewichtsverlagerung auf die Hinterhand einhergeht, stellt sie für den Reiter ein verführerisches Mittel zum anfänglichen Ausbalancieren des Pferdes dar. Tatsächlich ist es relativ einfach, mit energischer Handeinwirkung den Kopf des Pferdes zu heben. Baucher hat dieses Verfahren, zunächst an der Hand, dann vom Sattel aus, zum Ausgangspunkt seines Spätstils (»2° manière«) gemacht.

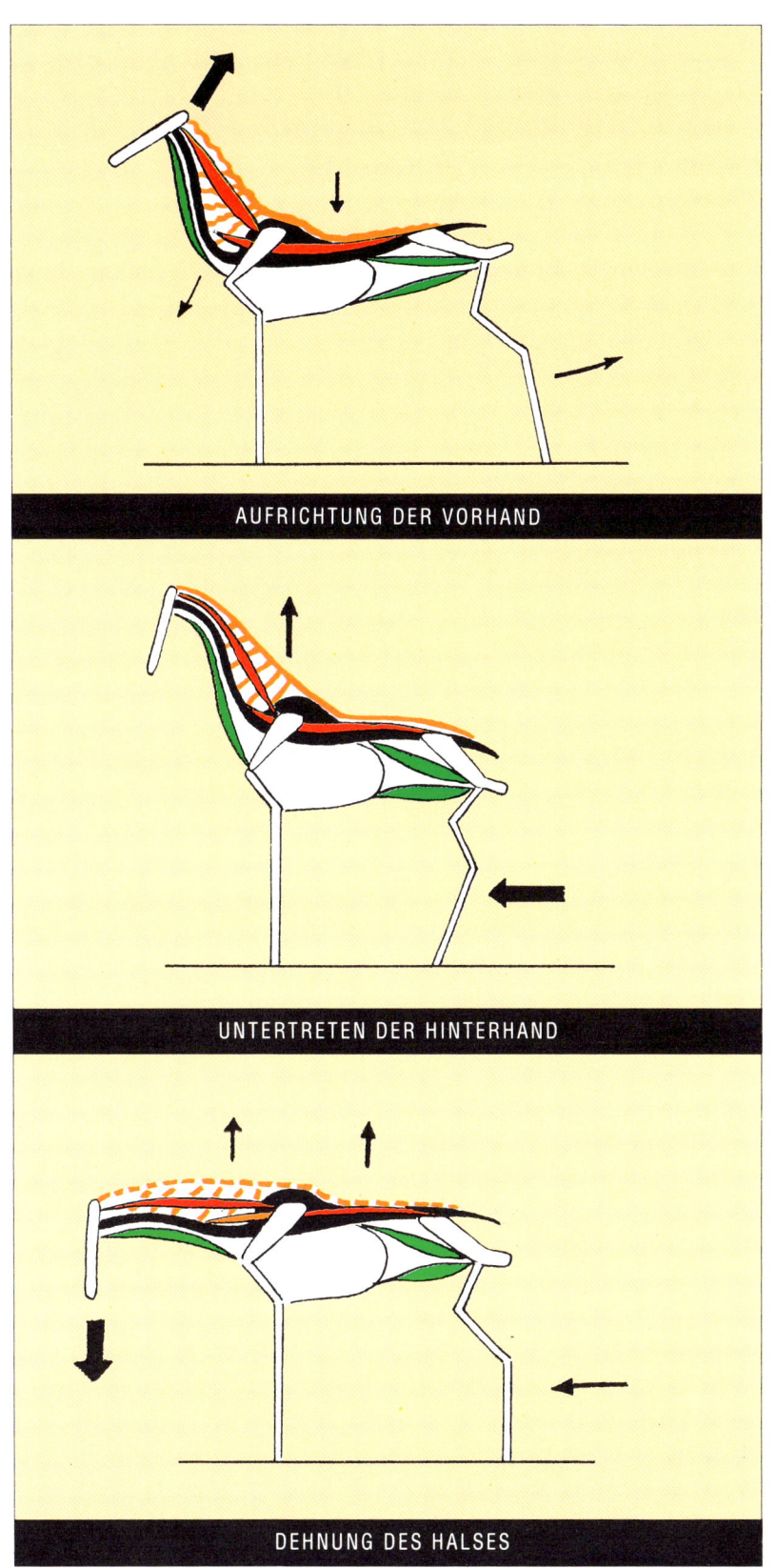

AUFRICHTUNG DER VORHAND

UNTERTRETEN DER HINTERHAND

DEHNUNG DES HALSES

Betrachten wir einmal, was diese Haltung mit sich bringt:

• von der Hand aufgefordert, zieht das Pferd den milzförmigen Muskel zusammen, der den Kopf hebt und den Nacken streckt (die Nasenlinie nähert sich der Waagrechten);

• das Nackenrückenband entspannt sich und gibt dem Halsfundament keinen Halt mehr, so daß es zusammensinkt und der Widerrist zwischen die Schulterblätter gedrückt wird;

• die langen Rückenmuskeln ziehen sich zusammen, um die Aufgabe des Nackenrückenbandes bei der Erhaltung des Halses in seiner erhobenen Stellung zu übernehmen. Alle Bedingungen sind erfüllt, um die gesamte Oberlinie, von den Ohren bis zum Schweif, durchzudrücken.

• durch das Strecken der Kreuz-Lendenpartie nähert sich das Becken der Waagrechten, was dem Abfußen der Hinterhand förderlich, jedoch ihrem Untertreten hinderlich ist (Durchgängerhaltung);

• die Bauchmuskeln dehnen sich, das Pferd neigt zur Sägebockstellung.

Folgen

Das erhoffte Ausbalancieren wird durch die ausfallende Hinterhand weitestgehend zunichte gemacht.

Die gesamte Fortbewegung wird durch den Zustand andauernder Verspannung der Lendenpartie beeinträchtigt, der die Schwingungen der Wirbelsäule reduziert und eine Neigung zu paßartigen Tritten im Schritt, zum Zackeln oder zu Schwebetritten im Trab sowie zu einem flachen, laufenden Galopp nach sich zieht. Das Pferd bewegt sich mit seinen Beinen, statt mit seinem Rücken. Es erweist sich als steif und unbequem, die Anlehnung wird schwierig zu erhalten sein und sein Springstil sich verschlechtern.

Mit einer solchen Störung der natürlichen Fortbewegung geht man das Risiko ein, die Gesundheit des Pferdes zu schädigen und seine Lebensdauer zu verkürzen.

Schlußfolgerung

Ohne geschmeidiges Anheben des Halsfundaments gibt es kein harmonisches, ehrlich gehendes Pferd.

UNTERTRETEN DER HINTERHAND

Die alten Meister verlangten mit Hilfe der Pilaren ein sehr starkes Untertreten der Hinterhand und brachten ihre Pferde damit in ein äußerst gesetztes Gleichgewicht, wie es die Ausübung der damals so beliebten Schulsprünge notwendig machte. Betrachten wir, was das Untertreten der Hinterhand mit sich bringt:

• das Zusammenziehen der Bauch- und Lendenmuskeln trägt zum Untertreten der Hinterbeine bei, führt zum Biegen der Lendenpartie und infolgedessen zum Aufwölben des Rückens;

• das Dehnen der langen Rückenmuskeln und die Anspannung des Nackenrückenbandes rufen ein geschmeidiges Anheben des Halsfundaments hervor.

Folgen

Der andauernde Beugezustand von Kreuz und Rücken begrenzt die Beweglichkeit in der Waagrechten, die Gänge werden um soviel erhabener und schwungvoller, wie sie an Raumgriff einbüßen. Das Pferd gewinnt an Ausdruck, der Schritt wird taktrein, der Trab kadenziert (bis hin zu seiner Stilisierung in der Passage), der Galopp rund.

Die Vorhand richtet sich auf, die Schulterfreiheit nimmt zu. Das Pferd gewinnt an Wendigkeit.

Schlußfolgerung

Die Dehnung der Muskeln der Oberlinie ist eine unabdingbare Voraussetzung zum Ausbalancieren des Pferdes.

Zusammenfassung

Im Hinblick auf eine moderne und vielseitige Nutzung des Reitpferdes, die weder auf das Schulen in der *Versammlung* noch auf sportliche Übungen wie das Springen verzichten möchte, besteht die grundlegende Gymnastizierung des Pferdes

• weder in der systematischen Aufrichtung des Halses, die dazu führt, daß das Pferd den Rücken durchdrückt;

• noch in einem Untertreten der Hinterhand, das mit natürlicher Schwungentfaltung und Entwicklung der Gänge unvereinbar ist.

DEHNUNG DES HALSES

Wenn das Pferd den Hals nach vorwärts-abwärts wölbt, bis er praktisch zur Verlängerung der Rückenlinie wird (von Commandant Dutilh, Ecuyer en chef des Cadre Noir von 1874 bis 1877, empfohlener Beginn der Übung), geschieht folgendes:

• Die Kopf-Hals-Armmuskeln ziehen den Kopf mit leichter Genickbiegung nach unten. Die milzförmigen Muskeln dehnen sich und setzen der beginnenden Anlehnung folglich keinen Widerstand entgegen. In dieser Haltung erfordert die nahezu senkrechte Nasenlinie nur eine unbedeutende Biegung im Genick, die das Pferd willig hergibt. Sie nimmt später allmählich zu, in dem Maße, wie sich der Hals beim Schulen der Versammlung aufrichtet. Die beginnende Biegsamkeit im Genick erlaubt es dem Reiter, dem Pferd jegliche starke Anlehnung zu ersparen, da die einfache Verbindung fast immer ausreichen wird. So finden Pferde mit empfindlichem Maul keinen Grund, sich aufzulehnen, und hartmäuligen Pferden wird die Stütze verweigert, mit deren Hilfe sie auf der Hand liegen und abstumpfen.

• Der Schwerpunkt des Pferdes verlagert sich nach vorne und nach unten. Es ergibt sich also ein Gleichgewicht, das dem Entwickeln der Grundgangarten förderlich ist, und es somit ermöglicht, den natürlichen Schwung zu verstärken und mit sparsamen Mitteln Gehorsam auf leichte Schenkelhilfen zu erzielen. Ein unwiderlegbarer Beweis dafür findet sich in »Questions équestres«, wo General L'Hotte von der unfehlbaren Wirkung der starren Zügel auf unverbesserlich störrische Pferde berichtet. In der Tat verweigert kein Pferd, selbst der gefährlichste Steiger, die Vorwärtsbewegung, wenn die starren Zügel seinen Kopf nach vorne stoßen und seinen Hals entkrampfen.

Bei günstigem Gleichgewicht gelingt jede Übung mit geringstem Kraftaufwand und ohne Streit. So wird der Gebrauch von Gerte und Sporen auf das absolute Minimum reduziert, um Faulheit oder Unwillen abzustellen. Damit vermeidet man die Orgie aller möglichen Arten von »Gasgeben«, die das Pferd abstumpfen oder widersetzlich machen.

• Das Nackenrückenband in seiner größtmöglichen Anspannung zieht an den Dornfortsätzen der Wirbel, womit es das Halsfundament anhebt und gleichzeitig die Lendenpartie spannt. Da ihre vorderen Befestigungspunkte vorverlagert sind, dehnen sich die langen Rückenmuskeln. Die Dehnung des Halses hat also den Vorteil, ein wesentliches Problem der Gymnastizierung des jungen Pferdes zu lösen: sie bereitet es auf das Anreiten vor, indem sie es an eine Haltung gewöhnt, die ihm das Tragen des Reiters ohne Verspannen der Oberlinie ermöglichen wird. Das Pferd streckt und wölbt seinen Rücken, wie der Gebirgsbewohner den Kopf senkt und den Rücken rundmacht, um auf möglichst wenig störende und ermüdende Weise einen schweren, sperrigen Rucksack zu tragen.

• Die Rundung des Rücken-Lendenbogens fördert die Arbeit der Bauchmuskeln und damit das Untertreten der Hinterbeine – womit in der Bewegung das vom Senken des Kopfes ausgelöste Ungleichgewicht reichlich ausgeglichen wird. Die Dehnung des Halses hindert also das Pferd daran, den Rücken durchzudrücken und auseinanderzufallen, und zwar selbst bei deutlichem Verlängern der Tritte – das damit zum logischen Bestandteil einer Strategie der Schwungeroberung wird, die bereits auf die versammelnde Arbeit hinzielt. Andererseits ist es eine ausgezeichnete Gymnastik der Oberlinie im Hinblick auf das Springen, da es das ganze Pferd rundmacht und zu seiner Springmanier

beiträgt, indem es auf das Zusammenrollen über Steilsprüngen und das Strecken über Hochweitsprüngen vorbereitet.

• Genau wie ein hölzerner Stab desto leichter zu biegen ist, je weiter auseinander man ihn faßt, genauso verbessert das Dehnen der Wirbelsäule die seitliche Biegsamkeit des Pferdes. Mit der geschmeidigen Streckung der gesamten Oberlinie werden die waagrechten Schwingungen der Wirbelsäule zunehmend weiter, das abwechselnde Untertreten der Hinterbeine wird erleichtert und die Gänge gewinnen mühelos an Raumgriff.

Die Längsbiegung stößt auf weniger Widerstand, so daß sich ein viel wendigeres Pferd ergibt, selbst in lebhaften Tempi.

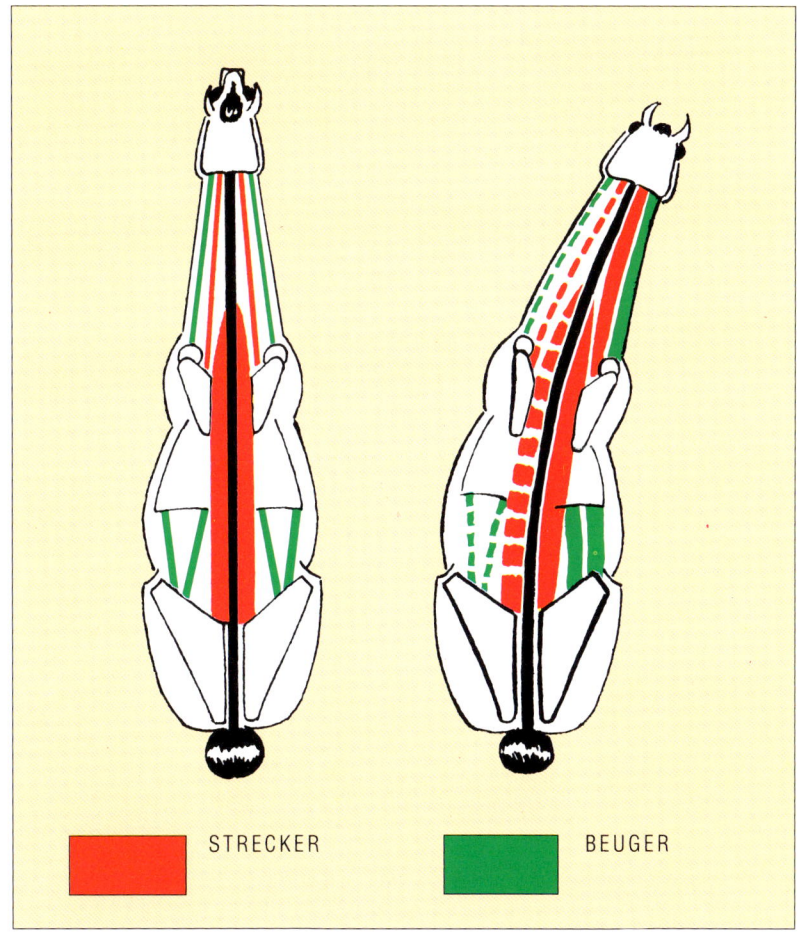

STRECKER BEUGER

Schlußfolgerung

Die Arbeit mit vorwärts-abwärts gedehntem Hals ist für alle Pferde unverzichtbar, wenn auch aus verschiedenen Gründen und in unterschiedlichem Maße. Sie hat sogar bewegungstherapeutischen Wert, da sie durchgedrückte oder abgeknickte Hälse rundet und kurze, hoch angesetzte Hälse entkrampft, die angeregt werden, sich zu strecken. Sie erleichtert bei dickem Halsansatz das allmähliche Verbessern der Anlehnung. Sie wölbt und aktiviert lange, schwache oder schlaffe Rücken, während sie kurze, kräftige, steife Rücken dehnt und geschmeidig macht. Sie entlastet schwache Sprunggelenke und kräftigt die Hinterhand, bevor sie größere Last aufnehmen muß.

»Gleich, ob es um Ausbildung oder Korrektur eines Pferdes geht, es ist stets angebracht, mit einer Dehngymnastik zu beginnen.« (Cdt. Licart)

GYMNASTISCHE ÜBUNGEN ZUR DEHNUNG DES HALSES

Um den Kopf erhoben zu tragen, spannt das Pferd gleichzeitig beide milzförmige Muskeln an. Will man es dazu bringen, ihn zu senken, muß man die Dehnung dieser Muskeln erreichen. Dies gelingt mit Hilfe der Biegung, denn: »Die Biegung des Halses, die mit der gleichzeitigen Anspannung beider milzförmiger Muskeln unvereinbar ist, zwingt einen davon, sich zu strecken und löst so ihren gemeinsamen Widerstand auf. Sein Körperbau macht es dem Pferd unmöglich, den Hals gleichzeitig seitlich und nach hinten zu biegen.« (Cdt. Licart)

Das Pferd wird also mit abwechselnden Rechts- und Linksbiegungen geschmeidig gemacht und dann an den Zügel geritten.

Diese Biegungen des Halses gehen den Biegungen der gesamten Wirbelsäule voraus, die aus den nachfol-

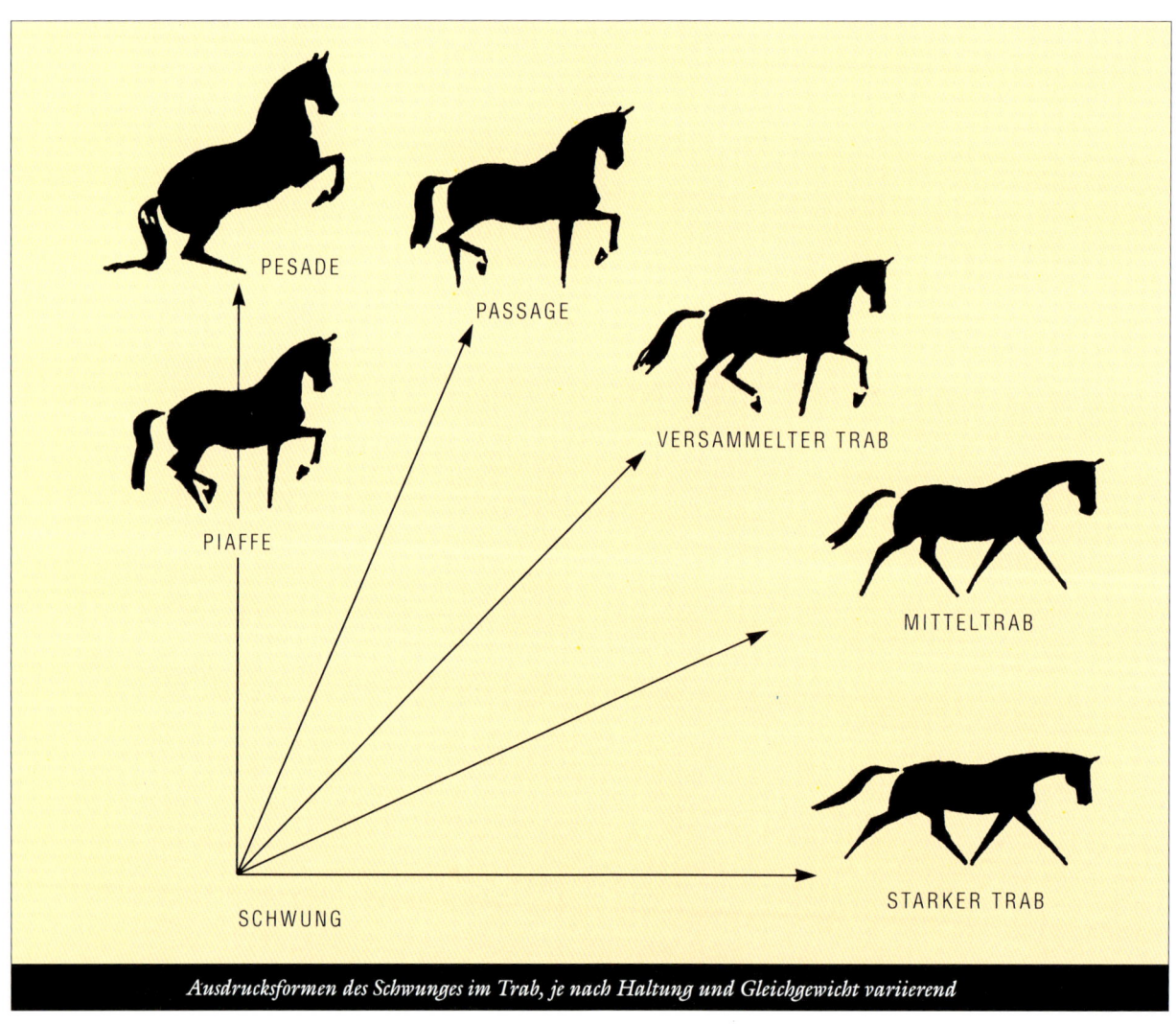

PESADE

PASSAGE

VERSAMMELTER TRAB

PIAFFE

MITTELTRAB

STARKER TRAB

SCHWUNG

Ausdrucksformen des Schwunges im Trab, je nach Haltung und Gleichgewicht variierend

genden Gründen die Basis einer rationalen Gymnastizierung des Reitpferdes darstellen:

»Bringt man ein Gelenk dazu, sich zu biegen, so macht man nicht etwa diejenigen Muskeln geschmeidig, die die Biegung bestimmen, sondern diejenigen, die sich ihr widersetzen, denn sie sind es, die nachgeben, sich entspannen müssen.« (General L'Hotte).

AUFBAU EINER GYMNASTIZIERENDEN AUSBILDUNG

EINFÜHRUNG

Sie soll die gesamte Vorbereitung auf das Anreiten sowie die Grundausbildung unter dem Reiter umfassen.

Nachdem das Pferd in der Longenarbeit ersten Gehorsam auf die Stimme gelernt hat, kann es allmählich an der Doppellonge in die Grundschule der Hilfengebung eingeführt werden. Durch die Dehnung des Halses und indem er gerade und gebogene Linien, Rechts- und Linksbiegung abwechseln läßt, stellt der Ausbilder sein Pferd an die Leinen. Das Pferd, das mit aktivem, aufgewölbtem Rücken vorwärtsgeht, ist bereit, das Aufsitzen des Reiters zu lernen, ihn entspannt zu tragen und gehorsam auf seine Hilfengebung zu achten.

Da diese Haltung das natürliche Gleichgewicht unter dem Reiter festigt, das Vorwärtsgehen fördert, den Rücken kräftigt, die seitliche Biegsamkeit verbessert und das Pferd bereits veranlaßt, ansatzweise durchs Genick zu treten, setzt es sich rückhaltlos ein, trägt das Reitergewicht völlig zwanglos und steht an den Hilfen. Dies sind bestmögliche Bedingungen, geräumige Grundgangarten zu entwickeln und bedeutenden Schwung freizusetzen. Ferner

nutzt der Reiter die wachsende seitliche Biegsamkeit, um die Asymmetrie seines Pferdes teilweise aufzufangen und mit dem Geraderichten zu beginnen. Alle Übergänge zwischen den Tempi und Gangarten werden stufenweise ausgeführt.

Um den Pferderücken zu entlasten, trabt der Reiter oft leicht. Er sitzt erst nach und nach ein und nur in dem Ausmaß, in dem die Dehnung des Halses nicht gestört wird – was beweist, daß der Rücken unter dem Reitergewicht aktiv, geschmeidig und entspannt bleibt.

Am Ende dieser Ausbildungsphase muß das Pferd angenehm zu reiten

sein, dressurmäßig wie über kleine Hindernisse, in der Halle wie im Gelände, und zwar auch in lebhaftem Tempo und querfeldein.

VERTIEFUNG

Es handelt sich um die Gesamtheit der Übungen, die das Pferd auf die *versammelnde Arbeit* vorbereiten.

Bis jetzt hat der Reiter, dank der Dehnung des Halses, das Pferd zu korrekter Rückentätigkeit angeregt und die Schubkraft der Hinterhand in lebhaften Tempi entwickelt. Nun soll eine vernünftig aufbauende Arbeit in den Seitengängen beide

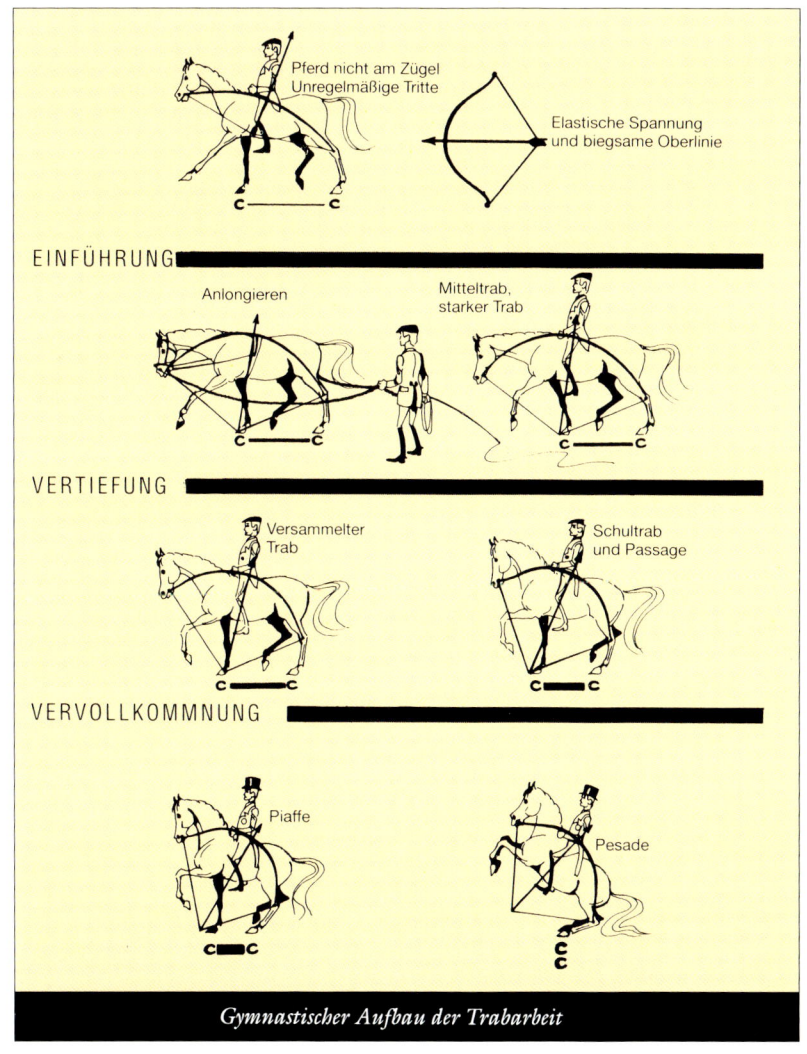

Gymnastischer Aufbau der Trabarbeit

Hanken eine nach der anderen geschmeidig machen und kräftigen, indem die Hinterbeine abwechselnd zum Untertreten gebracht werden. Diese Arbeit, die die Biegung des ganzen Pferdekörpers verbessert und die Bewegungen der Hinterhand symmetrischer macht, ist ein bedeutender Beitrag zum Geraderichten.

In dem Maße, wie die Hinterbeine allmählich vermehrt untertreten ohne an Fleiß zu verlieren, spannt sich die Oberlinie kraftvoll an – woraus sich als direkte Konsequenz das allmähliche Anheben des Halsfundaments ergibt, welches, von der Biegung des Genicks begleitet, die *Beizäumung* darstellt.

Wenn das Pferd Hals und Kopf hochnimmt und versucht, »über den Zügel« zu kommen, ist dies der Beweis, daß es die Vorderhand durch Zusammenziehen der oberen Muskeln (milzförmige Muskeln und lange Rückenmuskeln) aufrichtet, und nicht durch das Untertreten der Hinterhand. Begnügt sich der Reiter mit diesem fehlgehenden Anschein von Haltung, wird er sich damit abfinden müssen, ein steifes Pferd mit weggedrücktem Rücken zusammenzuziehen, und sich somit die korrekte *Versammlung* zu versagen. Jeder Ansatz von Versammlung läßt sich übrigens überprüfen, indem man ausprobiert, ob beim Übergang in eine raumgreifende Gangart die Dehnung des Halses ohne das geringste Zögern augenblicklich wiederhergestellt werden kann.

Das Gleichgewicht verbessert sich, womit Wendigkeit und Durchlässigkeit des Pferdes immer mehr zunehmen: es wird leichter.

Die Gänge werden kadenzierter und runder, sie gewinnen an Erhabenheit, soviel sie an Raumgriff verlieren, ihr Ausdruck und Brio steigern sich. Über diese Stilisierung der Gänge gelangt man schließlich zum versammelten Schritt, Trab und Galopp.

VERVOLLKOMMNUNG

Sie umfaßt die fortgeschrittene Arbeit an der *Versammlung* und führt zum Beherrschen der Lektionen, die ein auf die Hinterhand gesetztes Pferd erfordern.

Enge Wendungen der Vorhand um die Hinterhand sowie fließende Übergänge zwischen Vorwärtsbewegung und Rückwärtstreten tragen dazu bei, das Pferd zu setzen.

Das Untertreten der Hinterhand, der Hankenbug, das Aufwölben der Nierenpartie und die Selbsthaltung nehmen zu. Das kraftvolle Abfedern der Hinterhand äußert sich als Schubkraft nach oben oder als Tragkraft. Aus dem Schultrab entsteht die *Passage*. Vom versammelten Schritt ausgehend, zeichnet sich die *Piaffe* ab. Das Verkürzen des versammelten Galopps kann bis zum *Terre-à-terre* gehen.

In diesem gesetzten Gleichgewicht lassen sich die engsten Wendungen um die Hinterhand mühelos ausführen, besonders die *Galoppirouette*. Im Extremfall nehmen die Verkürzung der Stützbasis und die Leichtheit der Vorhand so zu, daß das Pferd aus der *Piaffe* die Vorhand erheben und einige Augenblicke im Gleichgewicht auf der angewinkelten Hinterhand verharren kann: in der *Pesade*. »Die *Pesade* ist eine Übung, in der das Pferd die Vorhand auf der Stelle hoch aufrichtet, ohne vorzugehen, wobei es mit den Hinterbeinen am Boden haftet, ohne sie zu bewegen. Man gebraucht diese Lektion, um ein Pferd darauf vorzubereiten, in den Schulsprüngen freier zu werden, und um die Herrschaft über seine Vorhand zu gewinnen.« (F. de La Guérinière) Die *Pesade* kann als Höhepunkt der *Versammlung* angesehen werden.

III
AUSRÜSTUNG

DER GURT

Doppelt verschnall-
bar, so daß er sich
fast jeder Gurtentiefe
anpassen läßt. Fünf
oder sechs Ringe
auf jeder Seite bieten
vielfache Möglich-
keiten, die Leinen
verschieden hoch
einzustellen.

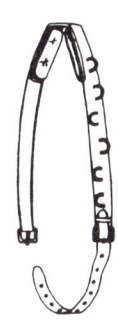

DIE PEITSCHE

Kurzer Stiel, etwa 1,30 Meter,
Lederschnur von mindestens
4 Meter Länge. Insgesamt eine
recht handliche Peitsche, mit
der man gleichwohl ein Pferd
notfalls in bis zu sechs Metern
Entfernung erreichen kann.

KURZE FAHRPEITSCHE
ODER DRESSURGERTE

Ersetzt die Peitsche bei der Arbeit
nahe am Pferd.

DIE LEINEN

12 bis 14 Meter drei Zentimeter
breite Longe, an den
Enden auslaufend in je 1,50 Meter
Seil mit einem Haken
oder einer Schnalle. Das Seil gleitet
flüssig durch die Ringe, die
Handhabung der Leinen ist leicht
und sicher, ihre Gesamtlänge
ermöglicht sechs oder sieben Meter
Entfernung vom Pferd und
Zirkel von fünfzehn bis zwanzig
Metern Durchmesser,
sobald der Ausbilder mitgeht.

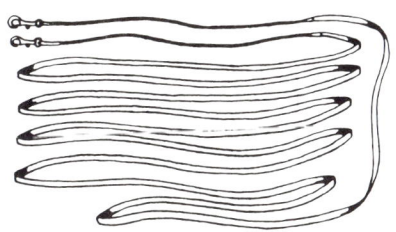

IV

EINFÜHRUNG

Sobald das junge Pferd die ersten Grundbegriffe der Longenarbeit beherrscht und an den Gurt gewöhnt ist, kann es an die Doppellonge genommen werden, die in die seitlichen Ringe des Kappzaums eingeschnallt wird.

DIE STIMME

Die Stimme ist die Haupthilfe, über die der Ausbilder bei allen Arbeitsmethoden zu Fuß verfügt. Zügel, Peitsche und Gerte dienen nur der Ergänzung oder Korrektur. Das Pferd muß daher besonders sorgfältig zum Gehorsam auf die Stimme erzogen werden. Bekanntlich ist es mit einem bemerkenswert scharfen Gehör ausgestattet, so daß man sehr schnell zu interessanten Ergebnissen gelangt. Später wird die Stimme als das am wenigsten aggressive Eingreifen des Ausbilders mit den klassischen Hilfen (Zügel, Schenkel, Sitz) assoziiert, die sie allmählich ersetzen.

Gebrauch der Stimme
Eine klare, nüchterne Sprache mit deutlich unterscheidbaren Ausdrücken und Betonungen verwenden.
• Soll das Pferd reflexartig reagieren, muß der Ausbilder gleiche Anforderungen stets mit den gleichen Ausdrücken verlangen und sie oft wiederholen.
• Langgezogene Silben in tiefen, gedämpften Tonlagen haben beruhigende Wirkung: verhaltende Hilfen. Dagegen wirken kurze, knappe Silben in höheren Tonlagen anregend: treibende Hilfen.

Beispiele
• »Schritt marsch!« in scharfem Ton zum Losgehen im Schritt;
• »Ter-rab!« in bestimmtem Ton zum Antraben;
• »Ga-lopp!« zum Angaloppieren;
• um jede Verwechslung zu vermeiden, wird das Zungenschnalzen nur zum Treiben innerhalb einer Gangart verwendet;
• »Ter-rab ...«, langgezogen und tief, um vom Galopp zum Trab zu kommen;
• »Scher-ritt ...«, ebenso betont, um vom Trab zum Schritt – und später sogar vom Galopp zum Schritt zu kommen;

- auf »halt« oder »steh« in bestimmtem Ton muß das Pferd zum Halten kommen, zunächst aus dem Schritt, später auch aus dem Trab und sogar aus dem Galopp;
- ein sehr langgezogenes »hooo... hooo...« wird zum Verlangsamen innerhalb einer Gangart verwendet.

DER SCHWUNG

Der Schwung, Grundpfeiler jeder Ausbildung, kann in folgende Formel gefaßt werden:

$$\text{Schwung} = \frac{\text{Reaktion des Pferdes}}{\text{Aufforderung des Menschen}}$$

Das heißt, der Schwung entfaltet sich desto mehr, je unmittelbarer und energischer die Reaktion erfolgt, aber auch je geringer die Einwirkung wird: maximale Durchlässigkeit und feinste Hilfen ergeben größten Schwung.
Um dieses Ziel zu erreichen und zu perfektem Gehorsam auf die Stimme zu gelangen, muß die Peitsche korrekt gebraucht werden.

Gebrauch der Peitsche

- Die Peitsche beziehungsweise Gerte ist in der Arbeit zu Fuß, genau wie die Sporen in der Arbeit unter dem Reiter, nicht als gängige Hilfe anzusehen. Sie stellt ein Mittel dar, Faulheit zu bestrafen, die Aufmerksamkeit aufzufrischen und vor allem, den Gehorsam auf die Stimme oder die Schenkelhilfen zu verfeinern.
- Damit das junge Pferd die Peitsche respektiert, muß es zunächst lernen, sie nicht zu fürchten. Nichts beginnen, solange es ihre Berührung (von den Nüstern bis zu den Sprunggelenken) nicht ruhig und unbeweglich erträgt. Besonders wichtig bei ängstlichen oder kitzligen Pferden.
- Gehorsam auf die Stimme setzt folgende Vorsichtsmaßnahmen beim Gebrauch der Peitsche voraus – die nicht ganz so selbstverständlich sind, wie sie erscheinen mögen:
– niemals die Peitsche vor einer mündlichen Aufforderung einsetzen. Einen Schüler zurechtweisen, der gar nicht weiß, was von ihm erwartet wird, ist ein schwerer Fehler des Lehrers;
– maßvoller, jedoch sofortiger und von der Stimme begleiteter Peitschengebrauch jedes Mal, wenn der ursprünglichen Aufforderung nicht augenblicklich willig Folge geleistet wird;
– bei befriedigender Reaktion sofort mit Stimme und Peitsche nachgeben – »Freiheit auf Ehrenwort«;
– nicht verlangtes Verlangsamen mit der Peitsche bestrafen. Wenn der Ausbilder ein faules oder nachlässiges Pferd ständig mit der Stimme antreibt, stumpft es ab.
- Abgestufter Einsatz der Peitsche. Der Ausbilder muß darauf achten, die Peitsche ruhig zu halten, ohne unwillkürliche oder ungeordnete Bewegungen. Der Handwechsel muß ruhig und gemessen vonstatten gehen.
- Der Ausbilder dosiert die Hilfen je nach Umständen und Temperament des Pferdes, beschränkt sie aber auf das Allernötigste:
– Zeigen der Peitsche: das Ausrichten der Peitsche auf die Sprunggelenke hin erregt die Aufmerksamkeit des Pferdes.
– Anheben der Peitsche: der Ausbilder hebt das Peitschenende in Richtung der Hanken. Das entspricht

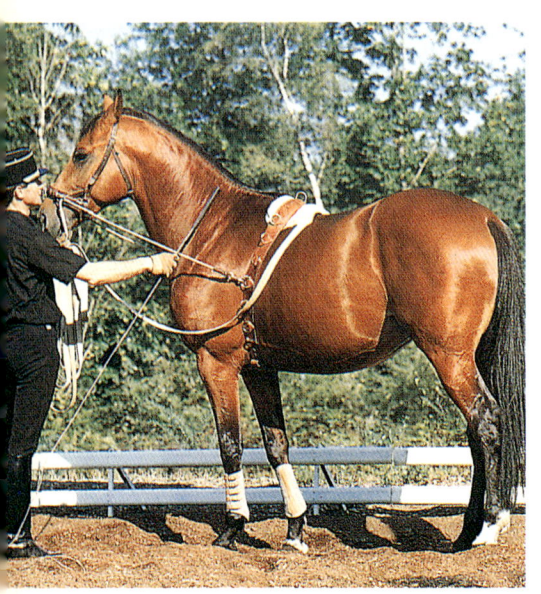

einer dringenden Aufforderung, zu reagieren.

– Die Peitschenschnur in Richtung Hanken schnicken: das Pferd wird gewarnt.

– Die Kruppe mit der Peitschenschnur berühren: eine Zurechtweisung.

– Die Peitschenschnur von hinten nach vorn um die Kruppe schlingen: strenge Bestrafung.

Auf jeden Fall benutzt der Ausbilder die Peitsche ausschließlich mit dem Ziel, sie so überflüssig wie möglich zu machen.

EINFACHE FIGUREN AUF GERADEN UND GEBOGENEN LINIEN

Den ersten Unterricht erhält das Pferd, nachdem es beim Freilaufen oder an der Longe Gelegenheit hatte, sich gründlich zu lockern.

Die äußere Leine läuft über den Rücken, durch einen Ring des Gurtes, und wird in den äußeren Ring des Kappzaums geschnallt. Die innere Leine gleitet durch den inneren Ring des Kappzaums und wird am Gurt befestigt. Man benutzt die mittleren Ringe des Gurtes, so daß die Leinen gegenhalten, sobald das Pferd Hals und Rücken wegdrückt, dagegen waagrecht anstehen oder sogar nach unten nachgeben, wenn es sich rundmacht.

Diese Verschnallung gibt der inneren Leine eine seitliche Wirkungsrichtung, die es ermöglicht, den Hals ebenso sanft wie wirksam zu biegen. Schräg nach hinten wirkende Zügel auf Kappzaum bei einem Pferd noch ohne seitliche Biegsamkeit wären sinnlos und aggressiv. Statt der Biegung im Hals würden sie entweder Widersetzlichkeit oder Überzäumung hervorrufen.

Wie an der Longe neigt das junge Pferd auch an der Doppellonge

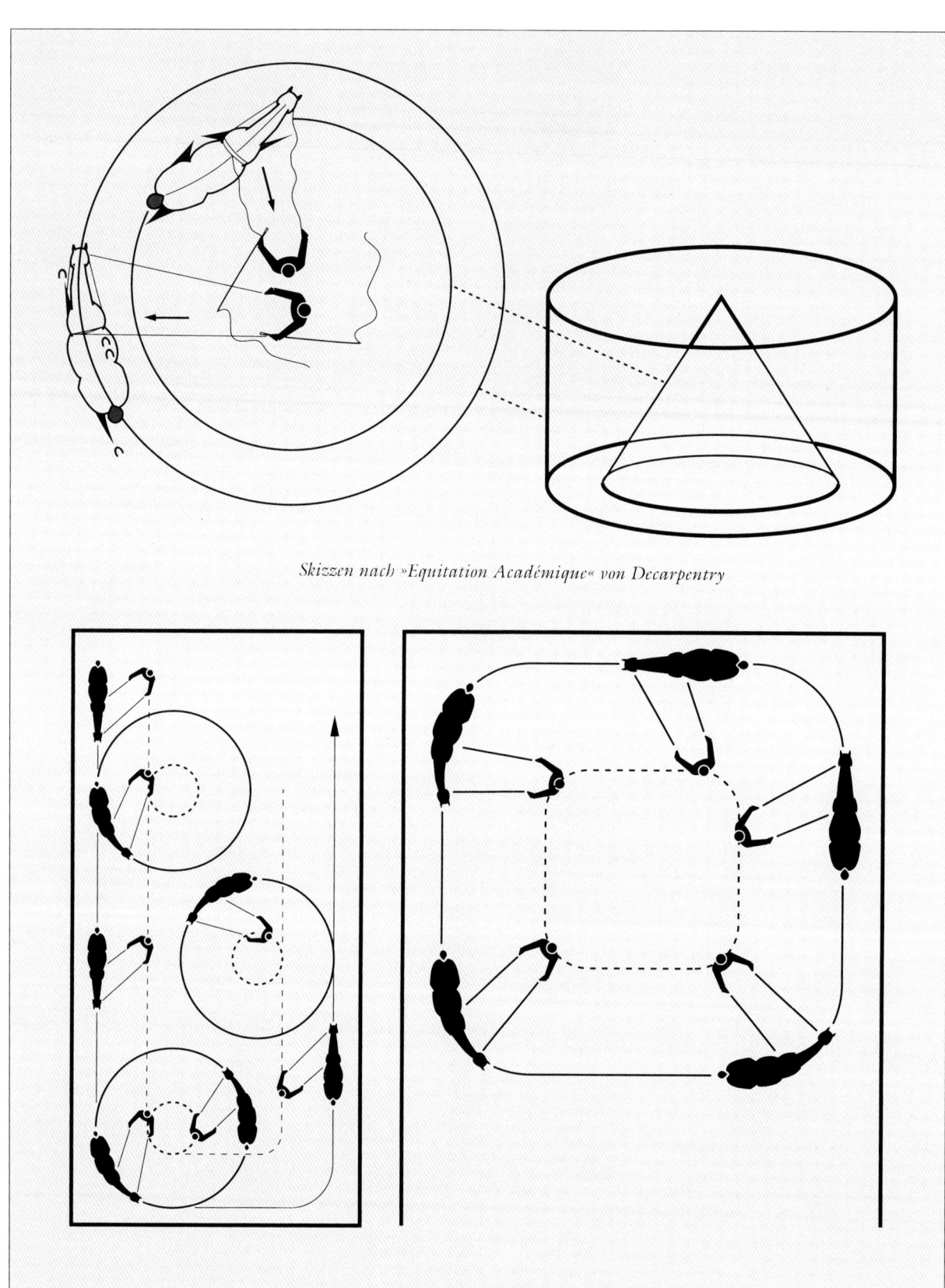

Skizzen nach »Equitation Académique« von Decarpentry

dazu, auf dem Zirkel mit der Hinterhand auszufallen. Es kommt auf die äußere Schulter, fällt in die Wendung, bleibt nicht am Zügel und entzieht sich jeder Kontrolle.

Der Ausbilder muß also zu allererst dafür sorgen, daß sein Zögling den Abstand einhält.

Um das Pferd an den Zügel zu bekommen, schickt man es zunächst geradeaus vorwärts. Dafür geht der Ausbilder neben der Kruppe mit, um das Pferd vor sich zu haben und so die Vorwärtsbewegung zu erhalten; er bewegt sich parallel zum Hufschlag. Er hält das Pferd mit energischem Schlängeln der inneren Leine auf Distanz, sobald nötig. Schon in den ersten Arbeitsstunden wird das Pferd also mit steter Verbindung an den anstehenden Leinen geradegehen und auch in den Ecken auf dem Hufschlag bleiben.

Mit dem inneren Zügel kann der Ausbilder das Pferd dazu bringen, den Hals zu biegen und auf den Zirkel zu gehen. Bei dem geringsten Versuch, den Bogen abzuschneiden, wird das Pferd wieder geradeaus vorwärtsgeschickt.

In diesem Stadium wäre nichts schädlicher als ein Pferd, das ununterbrochen um den auf der Stelle stehenden Ausbilder im Kreis geht. Dagegen erregt die Beweglichkeit des Menschen seine Aufmerksamkeit, und nach und nach gelangt es dazu, gelehrig seinen Bewegungen zu folgen. Bald auf der rechten, bald auf der linken Hand, abwechselnd im Schritt, Trab und Galopp, durchmißt das Pferd von Zirkel zu Zirkel das gesamte Ausmaß der Halle oder des Vierecks. Es geht auf dem äußeren wie auf inneren Hufschlägen gebogen durch die Ecken. Auf einfaches Verlängern der Leinen hin vergrößert es den Zirkel oder verläßt ihn auf einer Tangente. Hinzu kommen sorgfältig gewählte Tempowechsel:

Zulegen auf geraden Linien, Verkürzen in den Wendungen.
Diese Arbeit auf der Grundlage wie-
derholter, vom äußeren Zügel ein-
gerahmter Biegung bringt das Pferd
dazu, den Hals vorwärts-abwärts zu
dehnen, noch bevor der Ausbilder
überhaupt auf sein Maul einwirkt –
ein nicht zu verachtendes Ergebnis.
Sobald das Pferd sich auf beiden
Händen in allen drei Grundgangarten korrekt um den Ausbilder herum biegt, kann das Erlernen der
Handwechsel in Angriff genommen
werden. Dafür werden die Leinen
symmetrisch eingeschnallt.
Die Handwechsel werden das Pferd
in zweierlei Hinsicht verwirren:
• beim Handwechsel gerät der Ausbilder zwangsläufig in den toten
Winkel des Gesichtsfeldes – was das
Pferd oft beunruhigt;
• die äußere Leine gleitet hinter die
Kruppe und schlingt sich um den
äußeren Hinterschenkel – was viele
Pferde überrascht und bei den kitz-
ligeren gelegentlich heftige Reaktionen hervorruft.
Um Zwischenfälle mit ihren möglichen Folgen zu vermeiden, muß das
Pferd daher sorgfältig vorbereitet
werden:

• Während das Pferd vertrauensvoll
geradeaus geht, nähert sich der Ausbilder allmählich der Mittelachse
seines Weges. Die äußere Leine gleitet allmählich über die Nierenpartie
und die Kruppe, um schließlich am
äußeren Hinterschenkel entlang
herabzurutschen. Der Mensch gerät
in den toten Winkel und beruhigt
das Pferd mit der Stimme.
• Wenn das Pferd davonstürmt, auf
den Zirkel gehen und geduldig warten, bis es sich beruhigt.
• Wenn das Pferd schlägt ... Soweit
der Ausbilder darauf achtet, daß die
äußere Leine ansteht und nicht
hochrutscht, kann sie sich nicht im
Schweif verfangen, und die heftigen
Bewegungen des Pferdes bleiben be-
deutungslos, da es sich ja am Kappzaum stößt und nicht im Maul – so
straft es sich ohne schlimme Folgen
selbst, und die Sache wird schnell er-
ledigt sein.
Wenn das Pferd die Gegenwart des
Menschen hinter sich – außerhalb
der Reichweite seiner Hinterhufe.
– akzeptiert und sich daran gewöhnt
hat, die Leinen der Doppellonge auf
seinem Körper zu spüren, dann ist
es bereit, seine ersten Handwechsel
auszuführen.

HANDHABUNG DER LEINEN

Das Ausführen der Handwechsel verlangt vom Ausbilder einige ganz und gar unverzichtbare Vorsichtsmaßnahmen in der Handhabung der Leinen.

Leinenführung

Von ihren Enden ausgehend, werden die Leinen zu mittelgroßen, regelmäßigen Schlaufen aufgerollt – zu kurz wären sie unnötig unhandlich, zu lang könnte der Ausbilder darüber stolpern.
Bei einhändiger Führung werden die Leinen mit dem Zeigefinger geteilt.

Handwechsel
von links nach rechts

• Der Ausbilder muß darauf vorbereitet sein, die rechte Leine um etwa 1,50 m zu verkürzen und mit der linken um ebensoviel nachzugeben.
• Mit beiden Leinen in der linken Hand die Peitsche hinter dem Rücken von der rechten in die linke Hand gleiten lassen, die sich nach dem Richtungswechsel näher an der Hinterhand des Pferdes befindet.
• Vor dem Verlangen des Richtungswechsels mit der rechten Hand die rechte Leine so weit vorn wie möglich fassen, damit man die linke Leine herauslassen kann, wenn sie sich um die Kruppe legt.
• Nach dem Ausführen des Handwechsels hält der Ausbilder die Leinen praktisch an ihrem Ende und die Peitsche in Richtung auf die Hinterhand.
Mit der Übung wird diese Handhabung der Leinen zum automatischen Reflex.

EINFACHE HANDWECHSEL

Wurde das Pferd sorgfältig vorbereitet, kann es nun seine ersten Handwechsel im Schritt ausführen. Die Leinen werden nach wie vor in die seitlichen Ringe des Kappzaums geschnallt, um bei eventuell auftretender Unordnung den Schaden in Grenzen zu halten.

Der Ausbilder beginnt mit Kehrtvolten im Schritt.

Die Kehrtvolte vom Hufschlag

Vom Hufschlag auf der langen Seite ausgehend, lenkt der Ausbilder sein Pferd auf einen Zirkel, dessen Mittelpunkt er bildet. Nach einem halben Kreisbogen stellt er das Pferd gerade und geht schneller, um hinter das nun auf einer schrägen Linie weiterschreitende Pferd zu gelangen. In dem Augenblick, in dem es den Hufschlag erreicht, nimmt der Ausbilder wieder seine seitliche Stellung ein. Wird die Remonte unruhig und versucht zu stürmen, führt man sie unter Ausnutzung der Ecke auf einen Zirkel.

Die Kehrtvolte zum Hufschlag

Sobald das Pferd den Hufschlag verlassen hat, stellt der Ausbilder es gerade und führt es schräg vorwärts. Er muß schneller gehen, um genau hinter das Pferd und dann auf seine andere Seite zu gelangen. Wenn das Pferd weit genug vom Hufschlag entfernt ist, lenkt der Ausbilder es auf einem halben Zirkel darauf zurück. Die anstehende äußere Leine hebt die Innenbiegung auf, und das Pferd geht wieder geradeaus.

Damit das Pferd die Hufschlagfiguren präzise im Takt ausführt, muß der Mensch sie in verkleinertem Maßstab vorzeichnen und darauf achten, daß er auf geraden Linien sein Tempo steigert, während er es auf gebogenen zurücknimmt.

Bei dieser Arbeit sind der Sinn für seinen Standort im Verhältnis zum Pferd sowie Beweglichkeit unverzichtbare Qualitäten des Ausbilders, da sie das Einwirken mit der Hand stark verringern.

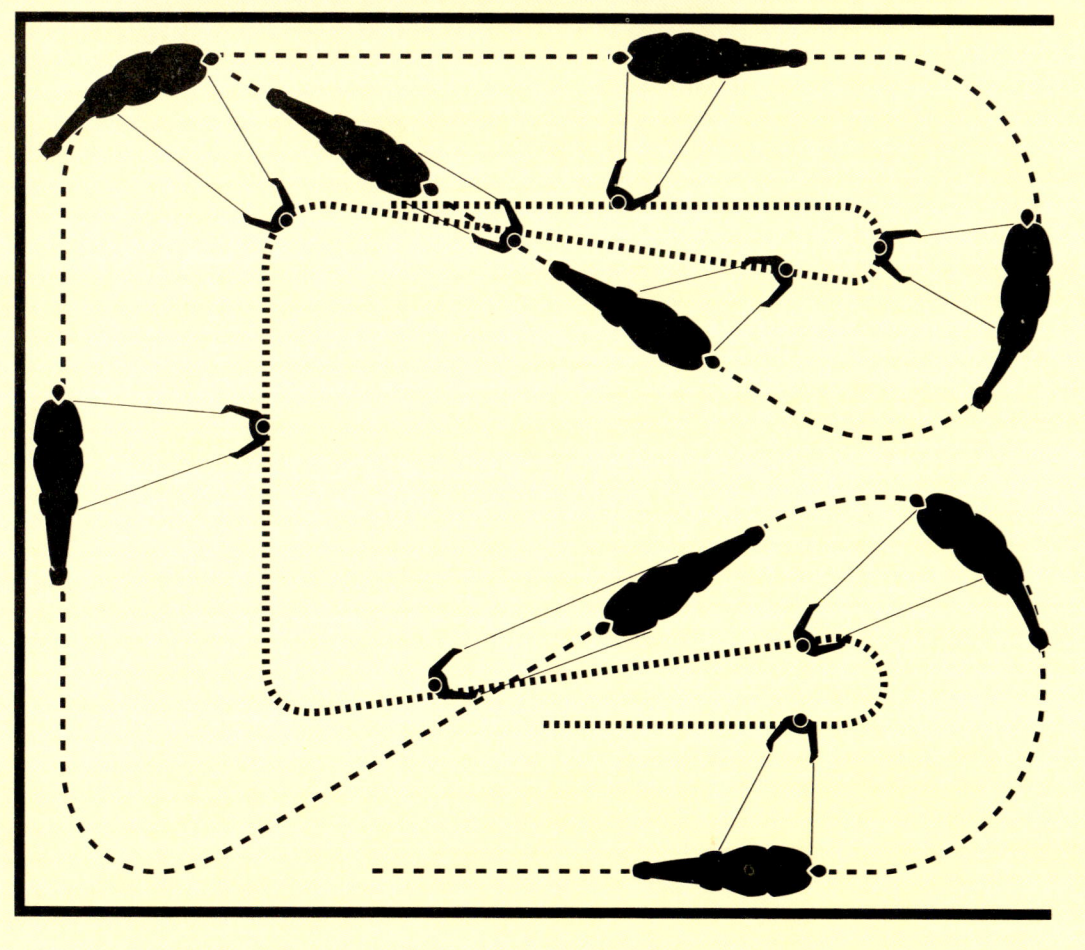

ARBEIT AUF TRENSE

Im Laufe der Arbeit auf Kappzaum ist das Pferd in allen drei Grundgangarten geschickt und im Hals biegsam genug geworden, so daß nun der Gebrauch eines Trensengebisses ins Auge gefaßt werden kann. Zumindest für die Einführungsphase ist ein Knebelgebiß mit dickem Mundstück zu empfehlen. Dicke Mundstücke stellen eine weiche, vertrauensvolle Verbindung her. Die Knebel sorgen dafür, daß das Gebiß ruhig im Maul liegt. Sie haben daher den unschätzbaren Vorzug, seitliche Zügelwirkungen zu verstärken und doch das Maul zu schonen.

Wenn zum Beispiel ein Pferd mit umgekehrt verschnallter rechter Leine auf der rechten Hand geht, ist die Hilfe für die Innenbiegung um so wirksamer und beansprucht gleichzeitig um so weniger das Maul, als

der seitlich gegen das Maul drückende linke Knebel dazu beiträgt, das Pferd nach rechts zu drängen. Der Ausbilder muß sich bemühen, an der äußeren Leine mit ganz geschmeidigem Arm eine leichte Verbindung

zu bewahren. Denn das Auf- und Abfußen des äußeren Hinterbeins spannt und entspannt die Leine, was zu Rucken im Maul führt, wenn die Hand nicht sorgfältig ausgleichend wirkt.

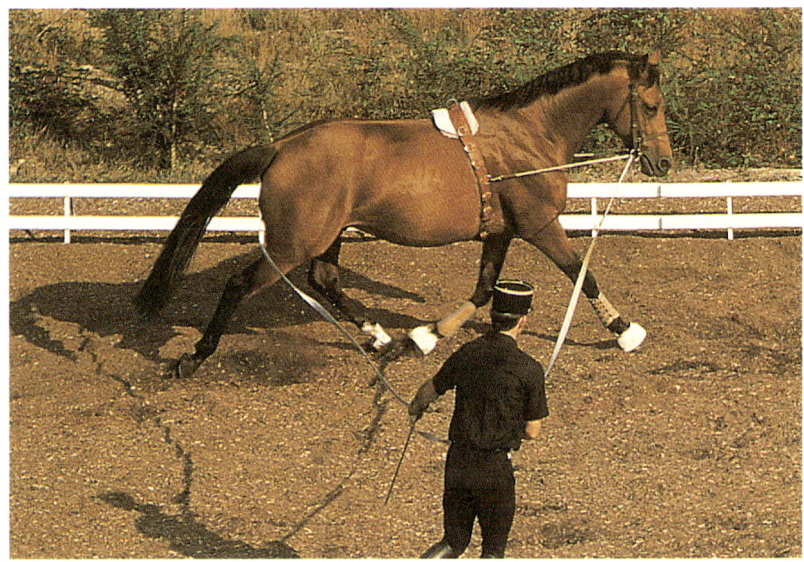

**Zusammenfassung
des bis jetzt Erreichten:**

Auf dem Zirkel: die innere Leine veranlaßt die Biegung, das Pferd geht um den Ausbilder herum, dessen Standpunkt auf Höhe des Gurtes bereits die spätere Rolle des inneren Schenkels andeutet; die verwahrende äußere Leine verhindert das Ausfallen der Hinterhand und läßt den Einsatz des äußeren Schenkels erahnen; das Pferd ist in seiner ganzen Länge gebogen.

Das freie Vorwärtsgehen bei harmonischer Biegung wird es dazu bringen, durchs Genick zu treten. Es handelt sich also um eine erste Form der Anlehnung, die aus seitlicher Biegsamkeit bei schwungvoller Bewegung entsteht und nicht von den Zügeln erzwungen wird.

Da das Pferd seine Bewegungen nach der Stimme und dem Standpunkt des Ausbilders richtet, kommt der Hand hauptsächlich die Aufgabe zu, die Haltung zu kontrollieren. Wenn die Arbeit an der Doppellonge so aufgefaßt und vorbereitet wird, ist der häufig zu hörende Vorwurf gegenstandslos, sie mache die Pferde hartmäulig.

Sobald die seitliche Biegsamkeit des Halses und die Anlehnung in den drei Grundgangarten ausreichend gefestigt sind, können die Leinen symmetrisch in die Trense geschnallt werden. Damit wird es möglich, aufeinanderfolgende Umstellungen der Längsbiegung auszuführen, die dann wiederum Geschmeidigkeit und Durchlässigkeit des Pferdes weiter verbessern. Schlangen- und Zickzacklinien werden im Schritt und im verkürzten Trab geübt. Der Ausbilder geht geradeaus und lenkt das Pferd links und rechts dieser Achse, wobei er auf fließende Umstellung der Biegung achtet. Jede dieser seitlichen Biegungen trägt dazu bei, Losgelassenheit und Geschmeidigkeit des Pferdes zu fördern und stärkt sein Vertrauen in den hinter ihm gehenden Ausbilder.

DIE ACHT

Die nächste zu erlernende Hufschlagfigur ist die Acht, und ihre korrekte Ausführung erfordert einige Sorgfalt. Wenn das Pferd gebogen und stetig am Zügel auf dem Zirkel geht, besteht nun die neue Schwierigkeit im raschen Übergang von einem Zirkel auf den anderen. Wenn das Pferd das letzte Kreisviertel vor dem Richtungswechsel erreicht, muß der Ausbilder schneller gehen, um hinter es zu treten und an den Schnittpunkt zu gelangen, während das Pferd den neuen Zirkel beginnt. Wenn es das erste Viertel beendet hat, muß der Ausbilder auf seinem Kreisbogen angekommen sein. Es kommt oft vor, daß das Pferd den Hilfen zum Wechsel zuvorkommt, indem es auf die äußere Schulter fällt, bevor es zur Umstellung der Halsbiegung aufgefordert wurde. Um dieser unerwünschten Initiative zuvorzukommen, muß man die Aufmerksamkeit des Pferdes durch häufige Abwandlungen der Lektion wachhalten. Zum Beispiel durch Verschieben der Zirkel: man verlangt von dem Pferd, auf einer Tangente geradeaus zu gehen und zu warten, bis der Ausbilder hinter ihm ist und die neue Biegung bestimmt, ehe es auf den neuen Kreisbogen geht. Solche Abwandlungen festigen den Respekt des Pferdes vor bestimmten Grundregeln, gegen die es nicht verstoßen darf: gerader Hals gleich geradeaus gehen; nur korrekt gebogen in die Wendung gehen.

Die Acht wird im Schritt und im Trab ausgeführt, unter häufiger Änderung des Zirkeldurchmessers. Sie kann auch im Galopp ausgeführt werden, indem man beim Wechsel von einem Zirkel auf den anderen für einige Tritte zum Schritt oder Trab pariert und dann erneut angaloppieren läßt. Das häufige Angaloppieren auf beiden Händen wird Gelassenheit und Gleichgewicht des Pferdes deutlich verbessern.

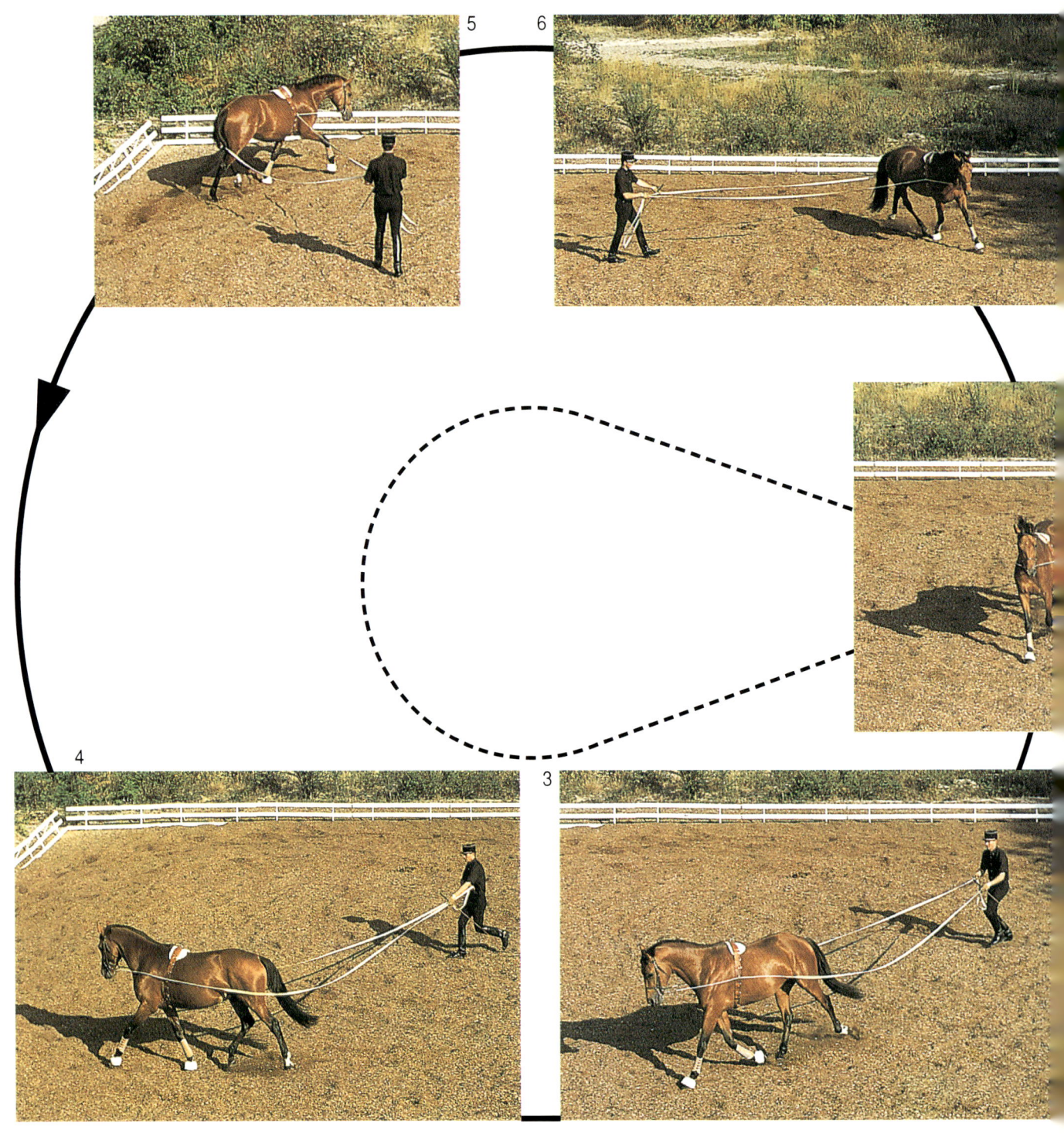

DIE ACHT

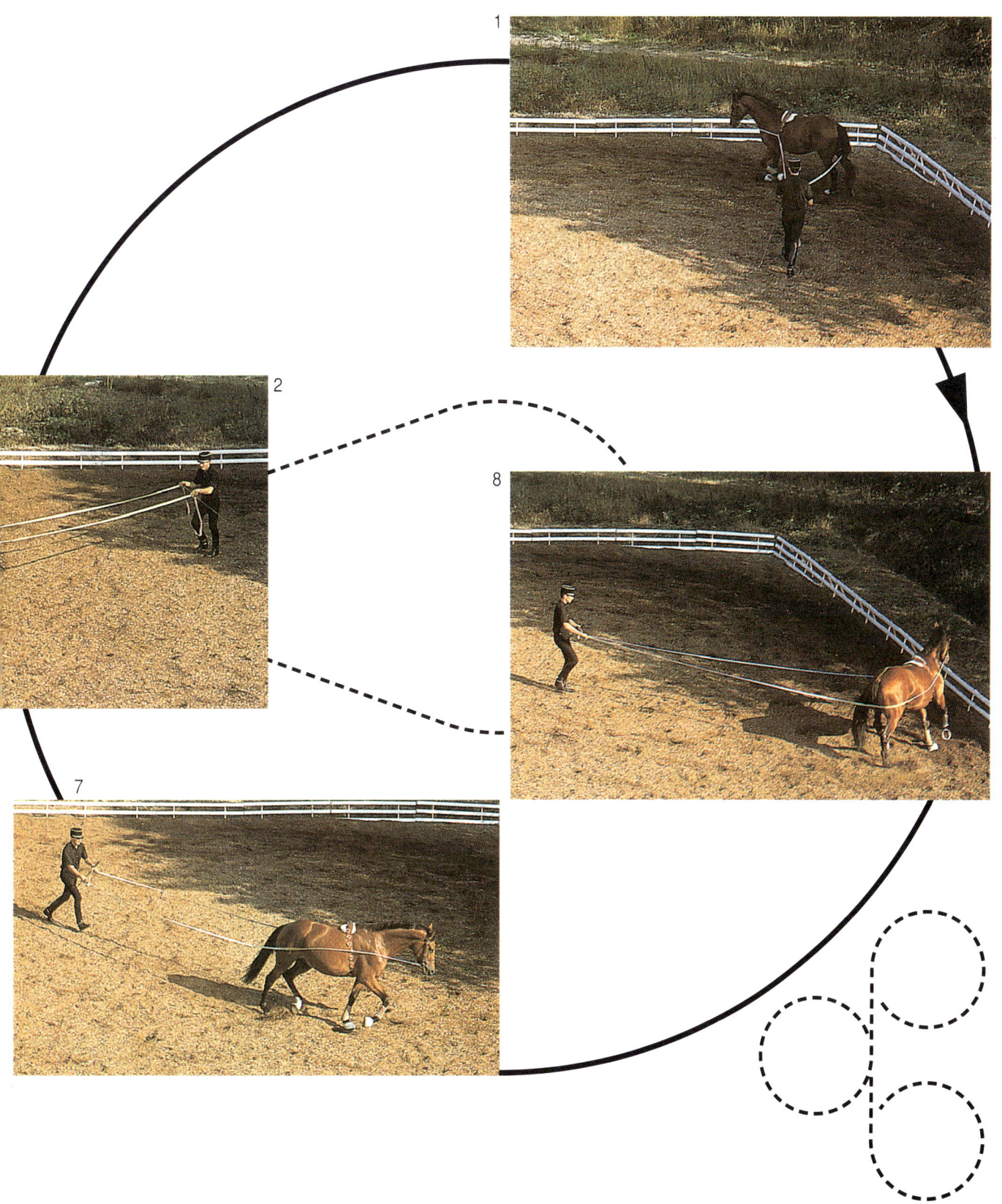

SPRUNG EINES EINZELNEN HINDERNISSES

Genau wie das junge Pferd an der Doppellonge schon vor dem Anreiten die Anfänge der Hilfengebung erlernt, kann es auch in das Springen eingeführt werden. Wie an der Longe oder beim Freispringen ist es unbelastet vom Reitergewicht – doch ist die Kontrolle mit Hilfe der Dop-

pellonge sehr viel präziser und läßt sich bereits weitgehend mit der vergleichen, die der Ausbilder später aufgesessen ausübt.

Für die ersten Springstunden ist es empfehlenswert, erneut den Kappzaum zu benutzen, ehe man die Leinen in den Trensenringen befestigt. In beiden Fällen sollte die innere Leine umgekehrt verschnallt werden, um das Pferd bei der häufig mit den ersten Sprüngen verbundenen

Aufregung mit möglichst wenig Kraftaufwand problemlos auf dem Zirkel einfangen zu können.

Das Hindernis muß an der Bande oder Umzäunung aufgebaut werden, damit die Absprungstelle gut eingerahmt ist. Die Fänge müssen so gestaltet sein, daß die Doppellonge auf keinen Fall an ihnen hängenbleiben kann, sondern glatt darübergleitet. Wenn das Pferd ruhig über Bodenricks tritt, kann man mit

kleinen x-förmigen Hindernissen beginnen, die das Pferd von Anfang an dazu anregen, in der Mitte zu springen. Das Pferd geht im Mitteltrab auf einem Kreisbogen, der direkt an dem inneren Fang vorbeiführt, und wird durch Zirkelvergrößerungen gegen das Hindernis gelenkt. Der Absprung von einer gebogenen Linie aus trägt dazu bei, das Pferd im Gleichgewicht zu halten, da es nicht dazu kommt, das

Hindernis als Zielpunkt zu nehmen und darauf zuzustürmen. So gelingen die Sprünge besser. Der Ausbilder muß darauf achten, seinem Pferd beim Absprung nicht vorauszusein, in der Flugphase genügend nachzugeben, dann schneller zu gehen, um es nach der Landung zu begleiten und unter Vermeidung des Hindernisses auf einen großen Zirkel zu lenken. Durchparieren zum Schritt und loben.

Wenn das Pferd allmählich gelassen und vertrauensvoll bleibt, kann man auf demselben Zirkel bleiben und das Hindernis mehrmals hintereinander springen lassen.
Alle Übungen werden auf beiden Händen ausgeführt. Da bekanntlich die Geschmeidigkeit der Oberlinie aus der seitlichen Biegsamkeit hervorgeht, wird das Pferd desto runder springen, je korrekter gebogen es auf das Hindernis zugeht.

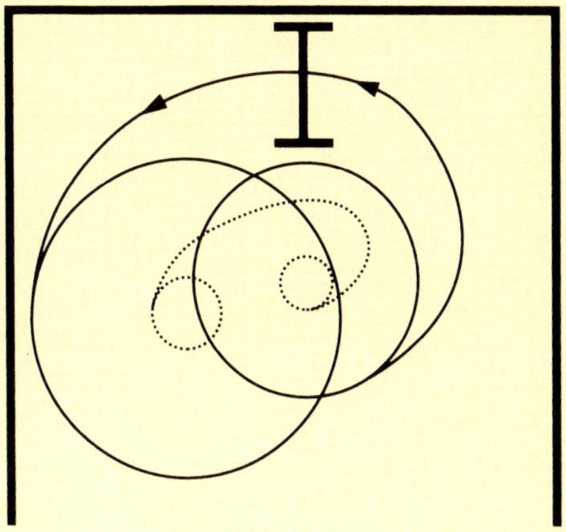

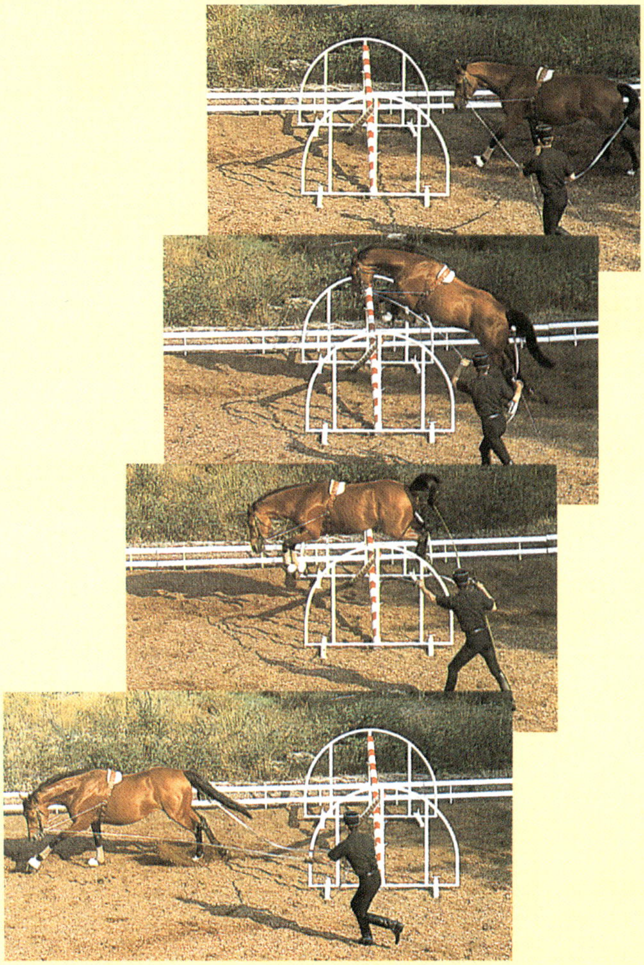

HILFENGEBUNG UND WENDIGKEIT AN ZWEI HINDERNISSEN

Zeigt sich das Pferd auf beiden Händen sicher und vertrauensvoll, besteht die folgende Etappe darin, es auf einer Acht zwei Hindernisse nacheinander springen zu lassen.

Baut man an den beiden langen Seiten einander gegenüber einen Steilsprung und einen Oxer auf, kann der Ausbilder sein Pferd vom einen zum anderen lenken, und nach jedem Sprung die Hand wecheln.

Diese Übung ist nützlich in mehrerer Hinsicht, da sie Steilsprung und Hochweitsprung, Rechts- und Linksbiegung sowie zahlreiche Übergänge zwischen Trab und Galopp miteinander verbindet.

Mit ein paar einfachen Stangen als Absprunghilfe wird das Pferd dazu gebracht, die Hindernisse in der Mitte zu springen, ohne Handeinwirkung in der Absprungphase, was nur stören und dem Springstil schaden würde.

Diese Übungen, die das junge Pferd wie ein Spiel auffassen sollte, fördern seine Geschicklichkeit, seinen Mut und seine Springmanier.

GELÄNDESICHERHEIT DER REMONTE

»In der Ausbildung will man immer zu schnell vorwärtskommen. Um geschwind ans Ziel zu gelangen, nicht eilen, sondern jeden Schritt solide abstützen.« (Faverot de Kerbrech).

Wie viele qualitätsvolle, sensible junge Pferde werden beim Anreiten gefährlich, ganz einfach, weil sie nicht entsprechend vorbereitet wurden... Wölbt jedoch das junge Pferd den Rücken auf, wird es ihm um so leichter fallen, das Reitergewicht zu tragen; steht es geschmeidig im Zügel, läßt es sich problemlos führen; ist es gewöhnt, daß die Doppellonge seine Hinterhand einrahmt, wird es sich kaum aufregen, wenn es die Schenkel fühlt. Der Gehorsam auf die Stimme dient als Einführung in die Hilfengebung, womit sich gleichzeitig grobe Einwirkung mit ihren unerwünschten Folgen erübrigt. So sind bald alle Voraussetzungen für eine gängige Nutzung der Remonte als Gebrauchspferd geschaffen, das sich im Gelände bewegt – auch in lebhaftem Tempo und über kleine Naturhindernisse.

V

VERTIEFUNG

In der Vorbereitungsphase des Pferdes auf das Anreiten gehört die Doppellonge zur Ausbildungstechnik – in der anschließenden Vertiefungsphase wäre es übertrieben, denselben Anspruch an sie stellen zu wollen.
Doch kann die Arbeit an der Doppellonge parallel zur Arbeit unter dem Sattel weitergeführt werden. Es handelt sich dann um eine Ergänzungstechnik mit mehreren Vorzügen: sie sorgt für Abwechslung; sie ermöglicht es, das Gelernte ohne die Belastung durch das Reitergewicht zu festigen; sie schafft Ansätze zum Gehorsam am langen Zügel, auf die man später beim Arbeiten an der *Versammlung* zurückgreifen kann.

ÜBERGÄNGE

Schwung, seitliche Biegsamkeit und Wendigkeit des Pferdes sind genügend gefördert, um nun die Verbesserung der Anlehnung ins Auge zu fassen.

Würden die Leinen in ihrer tiefen Stellung beibehalten, würden sie das Pferd dazu bringen, sich aufzurollen, anstatt sich zu tragen. Sie werden daher hoch verschnallt, wobei die äußere Leine über dem Rücken liegt.

Stimme und Hand fordern zu zahlreichen, dicht aufeinanderfolgenden, energischen Übergängen auf, womit allmählich die Festigung der Haltung erreicht wird.

Hat er Vertrauen hergestellt, kann der Ausbilder näher an das Pferd treten. So nimmt er genau wahr, ob es geradegerichtet ist, und kann auf der geraden Linie verschiedene Übergänge zwischen Schritt, Trab und Halten ausführen. In Verbindung mit der Stimme werden die vibrierend oder mit kleinen Klapsen an Flanken und Hinterhand angelegten Leinen zur treibenden Hilfe.

ÜBERTRETENLASSEN AUF DEM ZIRKEL

Wie die Bewegungslehre zeigt, ist das Untertreten eines einzelnen Hinterbeins stets mit einer Biegung der Lendenpartie verbunden. Die Vernunft gebietet daher, daß die Anfänge des Übertretens dem auf dem Zirkel gebogenen Pferd beigebracht werden.

Für diese Lektion ist die praktische Anwendung Doppellonge ohne jedes Interesse.

1 – Übertretenlassen an der Hand mit Innenstellung

Der auf Schulterhöhe mitgehende Ausbilder führt das Pferd am inneren, dicht am Trensenring gefaßten Zügel. So kann er die Biegung verlangen oder sie verringern, indem er den Kopf des Pferdes nach außen drückt.

Mit der anderen Hand hält der Ausbilder die Gerte und stellt den äußeren, über den Widerrist laufenden Zügel an.

Er führt das Pferd in gemessenem Schritt und korrekt gebogen auf einem mittelgroßen Zirkel um sich herum. Bei jedem Abfußen des inneren Hinterfußes legt er die äußere Zügelfaust hinter dem Gurt an, wobei er gleichzeitig mit der Gerte den inneren Hinterschenkel touchiert.

Das Pferd weicht daraufhin mit der Hinterhand, indem es mit dem inneren Hinterbein schräg unter den Körper tritt. Allmählich genügt der Druck der Faust allein, und die Gerte dient nur noch der gelegentlichen Ermahnung.

Die Übung ist dann am wertvollsten, wenn das Pferd auf drei Huf-

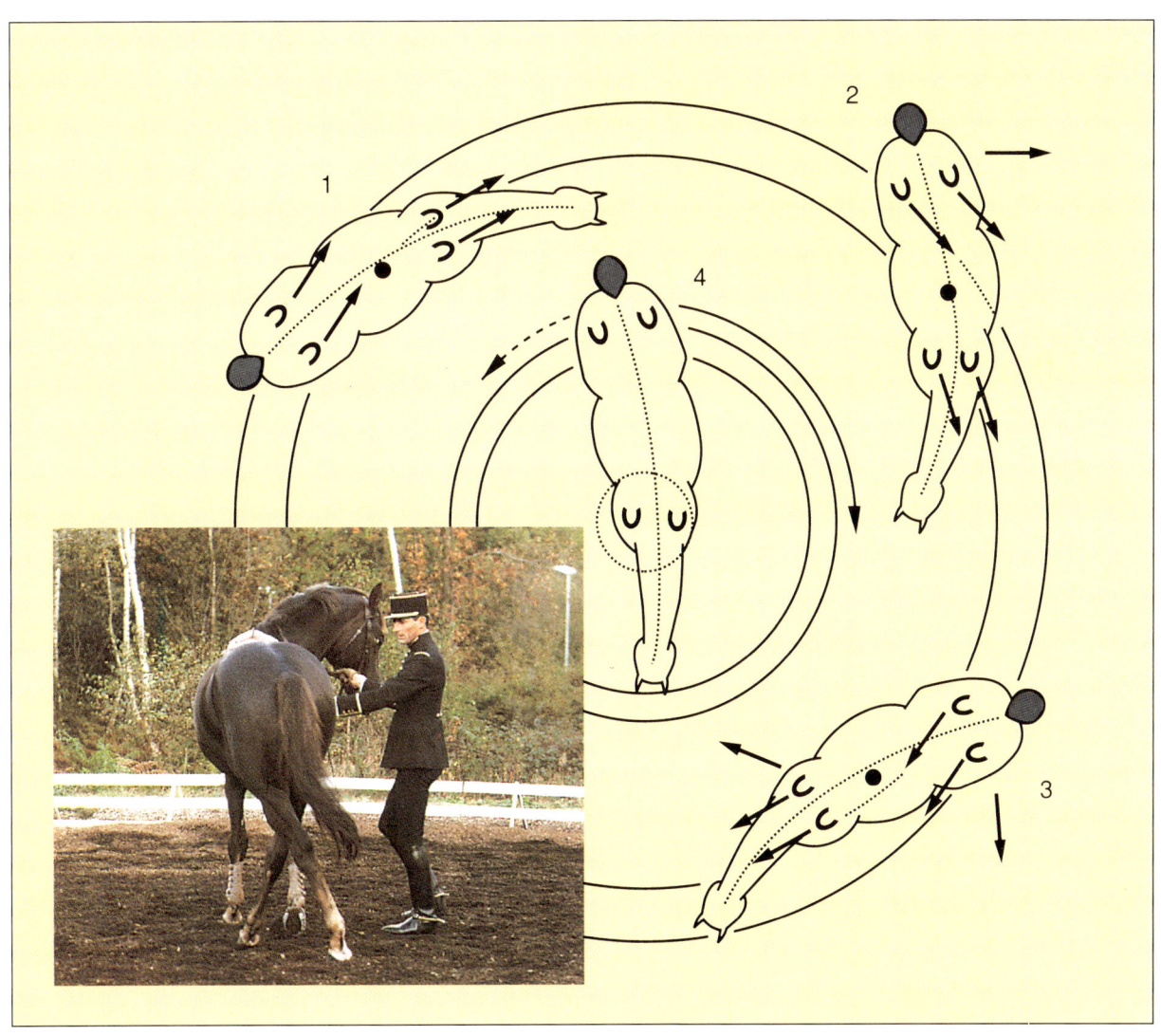

schlägen einen ebenmäßigen Kreisbogen beschreibt; das optimale Untertreten ist dann erreicht, wenn das innere Hinterbein weit in Richtung auf das äußere Vorderbein vortritt. So wirkt seine Schubkraft auf den Schwerpunkt hin und unterhält die Vorwärtsbewegung.

Die Übung verstärkt die gesamte Längsbiegung, macht die Hinterhand geschmeidig und beweglich und bereitet das Pferd darauf vor, dem seitwärtstreibenden Schenkel zu gehorchen.

Durch das ansatzweise Herumtreten der Hinterhand um die Vorhand entsteht eine Schwerpunktverlagerung nach vorn, die das Pferd dazu anregt, den Hals zu dehnen und zu senken. In dieser Hinsicht kann die Übung wirkungsvoll die Anlehnung bei Pferden fördern, die die Dehnung des Halses verweigern – oder sich gar widersetzen und steigen...

2 – Übertriebene Abstellung

Wie wir bei den Seitengängen noch oft feststellen werden, kann es keineswegs heißen: »je mehr, desto besser«.

Denn wenn der Ausbilder die Hinterhand übertrieben nach außen drängt –

• verringert sich das Untertreten des inneren Hinterbeins entsprechend dem vermehrten Übertreten;

• neigt die Hinterhand zum Ausfallen. Das Pferd kommt auf die Vorhand, weil das innere Hinterbein nicht mehr in der Schwerpunktachse wirkt;

• läßt die Längsbiegung insgesamt nach.

Folglich ist die übertriebene Abstellung zu vermeiden; nur ganz vorübergehend mag sie gerechtfertigt sein, um Pferde mit einer besonders schwerfälligen und trägen Hinterhand zu korrigieren.

3 – Übertretenlassen mit Außenstellung

Selbst wenn der Ausbilder die Abstellung sorgfältig auf drei Hufschläge beschränkt –

• erhöht die Außenstellung das Übertreten des inneren Hinterbeins und verringert entsprechend sein Untertreten. Das äußere Hinterbein tritt weit vor, wobei es jedoch nach außen ausfällt;

• neigt die Kruppe aus all diesen Gründen dazu, nach außen wegzudrängen und es wird schwierig, die Vorwärtsbewegung aufrechtzuerhalten;

• fällt das Pferd in der Wendung in Außenstellung auf die innere Schulter und verliert die Balance.

Folglich ist die systematische Anwendung der Außenstellung anfechtbar. Hingegen ist sie zur Korrektur von Pferden nützlich, die den Hals nach innen abknicken, um über die äußere Schulter auszufallen.

4 – Über das Zirkelverkleinern

führt die Übung schließlich zur Wendung um das innere Vorderbein. Sie ist einzig für die seitliche Beweglichkeit der Hinterhand von Interesse. Die Hinterbeine treten maximal über, doch minimal unter. Das Pferd ist auf der Vorhand.

Dieser Übung bedient man sich, um ein widersetzliches Pferd am Steigen zu hindern, denn sie ermöglicht es, seine Vorhand zu überlasten und ihm gleichzeitig den Ansatzpunkt für das Wehren zu nehmen – die Stütze auf der Hinterhand.

Schlußfolgerung

In der Arbeit unter dem Sattel kann der Reiter jedesmal auf die Lektion Übertretenlassen auf dem Zirkel zurückgreifen, wenn das Pferd mit dem inneren Hinterbein nicht untertreten will, sich der Aufforderung zur Innenbiegung des Halses widersetzt und versucht, über den Zügel zu kommen. Ihren vollen Wert entfaltet diese Übung, wenn sie auf die steifere Seite des Pferdes angewandt wird, denn sie trägt dazu bei, daß es sich um den inneren Schenkel biegt, der unbedingt am Gurt wirken muß – und nicht dahinter...

KONTERSCHULTER-HEREIN

Nach dem Übertretenlassen auf dem Zirkel üben wir als ersten Seitengang auf gerader Linie das Konterschulterherein.

Im Prinzip besteht die Schulterhereinstellung darin, das Pferd nach der seiner Biegung entgegengesetzten Seite treten zu lassen.

Folgende grundsätzliche Punkte sind dabei zu beachten:

• die Übung mit einer harmonischen Gesamtbiegung vorbereiten. Festgehaltene Rücken und abgeknickte Hälse sind zu vermeiden;

• die Abstellung auf ungefähr drei Hufschläge beschränken, so daß das innere Hinterbein mit seiner Schubkraft in Richtung auf die äußere Schulter wirkt;

• auch hier wieder würde das Pferd bei übertriebener Abstellung auf die Vorhand kommen und dazu neigen, den Rücken wegzudrücken.

An der Doppellonge ist es in mehrerer Hinsicht vorteilhaft, mit dem Konterschulterherein zu beginnen:

• Bande oder Umzäunung rahmen das Pferd ein und hindern es am Vorwärtsstürmen, was ihm ständiges Gegenhalten mit der Hand erspart. Demzufolge kann der Ausbilder sich auf das Wesentliche konzentrieren: Biegung und Abstellung;

• während der ersten Arbeitsstunden werden die Halsbiegung und die Abstellung der Hinterhand auf einen inneren Hufschlag nur von der ursprünglich äußeren Leine verlangt. Die innere Leine und die Peitsche sind bereit, ein eventuelles sich Verkriechen durch Auffrischen des Tempos zu bekämpfen;

• in der nächsten Etappe geht der Ausbilder in der Achse des inneren diagonalen Beinpaars, dicht an der äußeren Hüfte. In dieser Position bestimmt er die Biegung mit der ursprünglich äußeren Leine und drückt die Kruppe mit der inneren Leine an der äußeren Hüfte nach innen. Gleichzeitig reguliert die über den Rücken des Pferdes laufende, anstehende innere Leine die Halsbiegung;

• bei der Ausführung unter dem Reiter gibt der ursprünglich äußere Zügel die Halsstellung, der innere begrenzt sie. Der am Gurt liegende innere Schenkel treibt und biegt, der äußere, leicht zurückgenommen, verwahrt.

Das Konterschulterherein kann aus einer Kehrtvolte oder aus dem Viereckverkleinern und -vergrößern entwickelt werden, sei es an der Doppellonge oder unter dem Reiter.

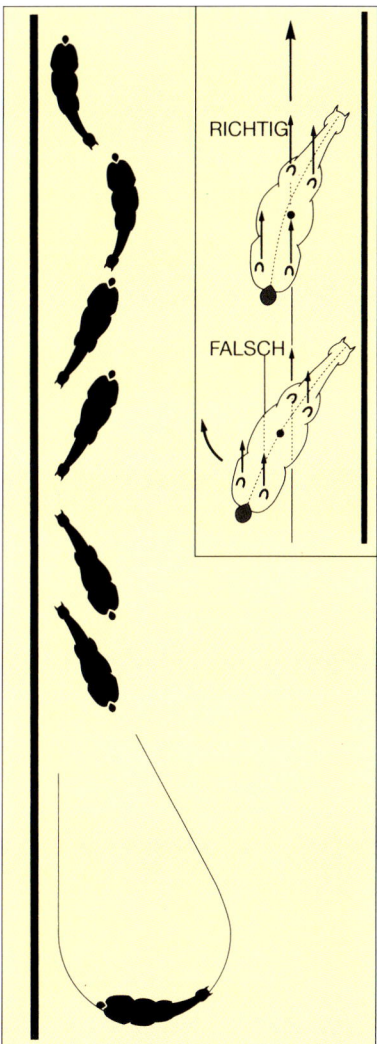

RICHTIG

FALSCH

SCHULTERHEREIN

Das Wort hat Monsieur de La Guérinière, der Vater des Schulterherein: »... statt das Pferd auf dem Hufschlag an der Wand mit aufeinander ausgerichteten Hüften und Schultern genau geradegehen zu lassen, stelle man seinen Kopf und Hals ein wenig nach innen zur Mitte der Bahn, so als wollte man tatsächlich abwenden, und wenn es so schräg gestellt und gebogen ist, lasse man es an der Wand entlang vorwärtsgehen, von dem inneren Zügel und Schenkel unterstützt ... Diese Lektion hat soviel günstige Auswirkungen auf einmal, daß ich sie als Alpha und Omega aller Übungen ansehe, mit denen man das Pferd gänzlich geschmeidig und in all seinen Körperteilen vollkommen locker machen kann.«

Der Ausbilder verfügt nun nicht mehr über die Hilfe der Bande oder Umzäunung.

Hier die Vorzüge dieser Übung:
• das um den Ausbilder zu Fuß oder den inneren Schenkel gebogene Pferd geht auf ungefähr drei Hufschlägen;
• bei diesem Abstellungswinkel tritt das innere Hinterbein schräg unter den Pferdekörper und sorgt allein für die Schubkraft – was es kräftig und biegsam macht;
• dank der Längsbiegung gleitet das innere Hinterbein unter den Schwerpunkt – was zum Ausbalancieren beiträgt und einen Ansatz von Versammlung darstellt;
• das Pferd entlastet die Vorhand und tritt mit den Vorderbeinen über, was die Schulterfreiheit fördert;
• aus der Ecke oder einer ausreichend schwungvollen Volte heraus entwickelt, sollte das Schulterherein

Kadenz und Selbsthaltung verbessern. Der Schritt gewinnt an Takt, der Trab an Ausdruck, und der Galopp wird gesetzter.

Das Schulterherein ist die Übung *par excellence* zum Erhöhen der Versammlung, weil der innere Hinterfuß, der in die Spur des äußeren Vorderfußes tritt, in Richtung auf den Schwerpunkt fußt.

Da Versammlung und diagonales Treten gleichbedeutend sind, bezeichnet Steinbrecht das Schulterherein ganz zu Recht als »Trabstellung«.

Wie könnte man bezweifeln, daß eine so einfach anzuwendende Lektion, die gleichwohl dazu beiträgt, die Hinterhand biegsam, geschmeidig, kräftiger zu machen und die Vorhand zu entlasten, in der Tat »das Alpha und Omega aller Übungen zum Schulen des Pferdes ist« ...? (La Guérinière)

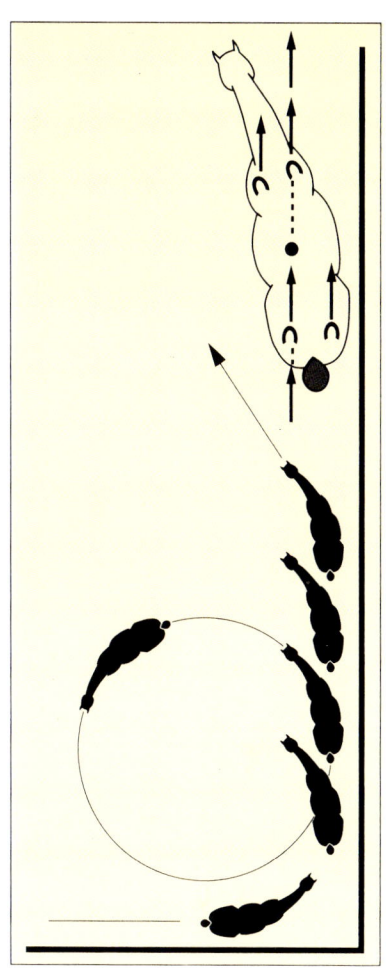

TRAVERS

Wenn das Schulterherein ausreichend gefestigt ist, kann der Ausbilder beginnen, auf die Traversalen hinzuarbeiten. Grundsätzlich besteht das Traversieren darin, daß das Pferd in die Bewegungsrichtung gebogen seitwärts tritt. Oft ist es vorteilhaft, mit dem Travers an der langen Seite anzufangen, denn:

• die Vorhand, die auf dem Hufschlag bleibt, kommt dank der Anlehnung an die Bande weniger ins Schwanken;

• die Hinterhand wird nach innen genommen, so daß das Pferd auf ungefähr drei Hufschlägen geht;

• da das Hinterbein der konvex gebogenen Seite stärker herangezogen wird, fällt es dem Pferd, im Gegensatz zum Schulterherein, leichter, zu schieben als zu tragen – daher ist es doppelt wichtig, diese Tendenz nicht noch mit übertriebener Abstellung zu unterstützen, da mit weiterem Übertreten das Gleichgewicht nur noch ungünstiger würde. Bei allen Seitengängen muß man darauf achten, ihren Nutzen nicht dem spektakulären Anschein zu opfern.

Aus einer Volte oder der Ecke heraus wird das Travers wie folgt entwickelt:

• An der Doppellonge: der Ausbilder tritt seitwärts zur Mitte der Bahn hin, um mit der tief gehaltenen, äußeren Leine die Hinterhand nach innen zu stellen.

Die innere Leine erhält die Biegung und berührt gegebenenfalls die innere Hüfte, um verwahrend oder treibend zu wirken.

• Unter dem Reiter: der innere Zügel bestimmt die Biegung, der äußere begrenzt sie. Der hinter dem Gurt liegende äußere Schenkel drückt die Hinterhand nach innen und treibt seitwärts. Der innere Schenkel wirkt am Gurt, um Biegung und Vorwärtsdrang zu erhalten.

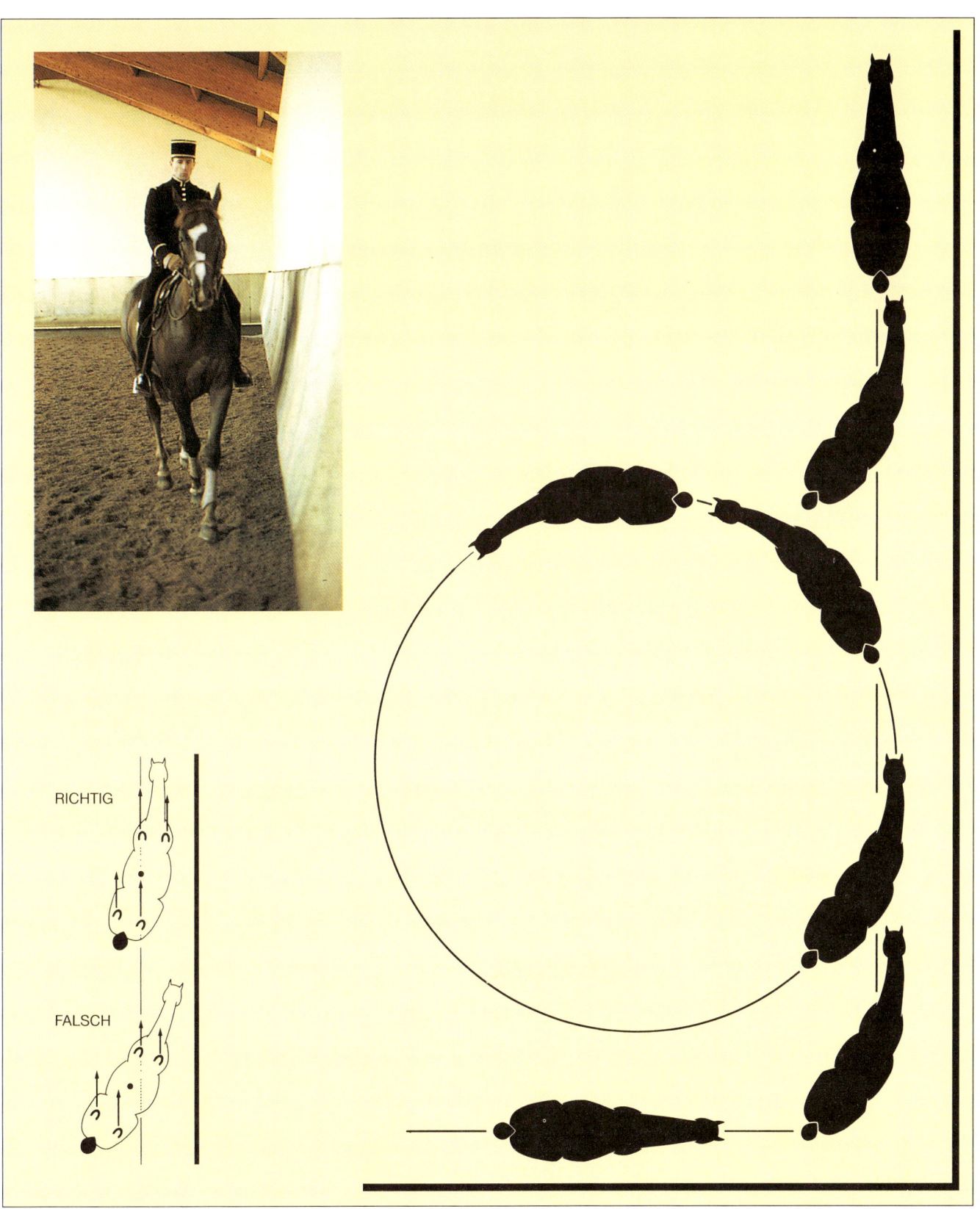

RICHTIG

FALSCH

ANPASSEN DER AUSRÜSTUNG

Wie wir bereits gesehen haben, verlangt die angestrebte Selbsthaltung ein hohes Verschnallen der Leinen am Gurt, das es dem Ausbilder jedoch nicht mehr ermöglicht, die Hinterhand einzurahmen, es sei denn, er bleibt dicht an der Kruppe – mit allen Risiken, die das zu Beginn der Ausbildung einschließt...

Dieses Problem kann gelöst werden, indem man die aus Seil bestehenden Enden der Doppellonge über zwei kleine Rollen laufen läßt, die mit Karabinerhaken am Gurt befestigt werden.

Dieses Hilfsmittel bewirkt, daß die Leinen tief verschnallt am Gurt ankommen und hoch verschnallt von ihm weiterführen. Über die Rollen laufen die Leinen widerstandslos, so daß sie zu einer weicheren Verbindung zwischen Hand und Pferdemaul beitragen.

TRAVERSALEN

Wenn das Pferd Travers auf beiden Händen im Schritt und Trab sicher beherrscht, kann mit dem Üben der Traversalen begonnen werden.

Das Pferd erhält auf dem Zirkel oder beim Durchschreiten der Ecke die richtige Biegung und traversiert dann aus der Kehrtvolte oder auf der Diagonalen.

Um Takt und Fleiß der Grundgangarten zu erhalten, begrenzt der Ausbilder die Abstellung derart, daß das Pferd ungefähr auf drei Hufschlägen geht. Nützliches Übertreten muß aus ausgreifenden Bewegungen entstehen, nicht aus übertriebener Abstellung.

Wenn er entsprechend ausschreitet, kann der Ausbilder bei Traversalen im Arbeitstrab mit seinem Pferd mitgehen.

An der Doppellonge gibt es zwei Methoden, die Traversale zu verlangen.

1. Ausbilder außen an der Hinterhand	2. Ausbilder innen an der Hinterhand
• Nachteil: der Mensch befindet sich im toten Winkel des Gesichtsfeldes; beunruhigend für das Pferd im Anfangsstadium der Ausbildung.	• Vorteil: der Mensch befindet sich im Gesichtsfeld des Pferdes: vertrauensbildend.
• Die Hinterhand kann ausfallen und das Pferd sich verkriechen, ohne daß der Ausbilder etwas dagegen tun kann.	• Der Ausbilder kontrolliert die Verschiebung der Hinterhand und kann jederzeit mit der inneren Leine geraderichten und treiben.
• Für den Übergang von der Traversale zum Schulterherein muß der Ausbilder die Seite wechseln und beide Leinen über den Pferderücken nehmen.	• Um wieder zum Schulterherein zu kommen, muß der Ausbilder nur die äußere Leine über den Pferderücken nehmen: schnell und einfach.
• In den Zickzacktraversalen muß der Ausbilder bei jedem Handwechsel beide Leinen über die Kruppe nehmen.	• Für dieselbe Lektion genügt es, daß der Ausbilder die Einwirkung der Leinen umkehrt, ohne sonst irgendeine Bewegung zu machen.

Wenn eine Methode sowohl wirksamer als auch einfacher ist, sollte man ihr ohne Zögern den Vorzug geben.

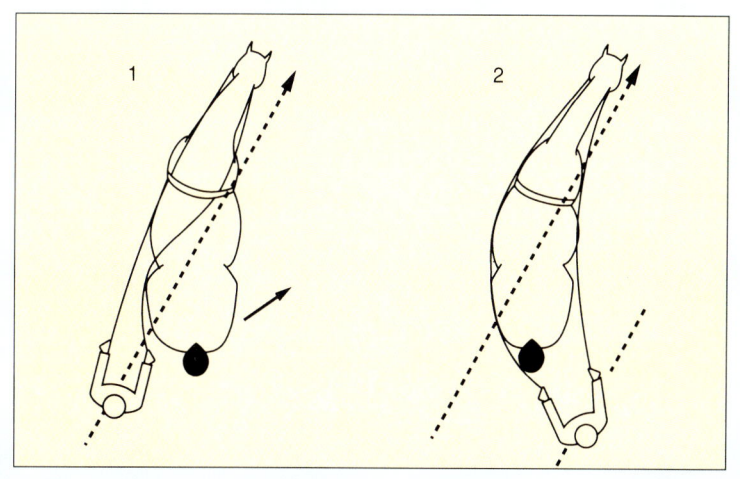

Sind die Trabtraversalen sicher und der Galopp ausreichend gesetzt, dürften die Galopptraversalen unter dem Reiter keine Schwierigkeiten bereiten. Tatsächlich erleichtert im Vergleich zum Trab und bei gleichbleibender Abstellung die Galoppfußfolge diese Übung insofern, als sie geringeres Übertreten erfordert. Daher definiert G. Steinbrecht die Traversale als »Galoppstellung«. Selbstverständlich kann in diesem Ausbildungsstadium keine Rede davon sein, Galopptraversalen an der Doppellonge zu verlangen, da der Galopp noch nicht versammelt genug ist, um das Mitgehen des Ausbilders zu ermöglichen.

Häufige Rückkehr zur Dehnung des Halses entspannt das Pferd und dient dazu, die geschmeidige Losgelassenheit der Oberlinie in allen drei Gangarten zu überprüfen.

TRAVERS
AUF DEM ZIRKEL

Travers auf dem Zirkel muß man sich wie eine Traversale auf einer Kreislinie mit nach innen gestellter Kruppe vorstellen.

1. Da die Vorhand den weiteren Weg zurücklegt, gewinnen ihre Bewegungen in dem Maße an Raumgriff, wie die der Hinterhand dabei verlieren. Die Lektion bringt ferner eine leichte Wendung der Vorhand um die Hinterhand mit sich, die das Pferd zu einer Schwerpunktverlagerung nach hinten anregt; ansatzweise Versammlung.

2. Es läßt sich einmal mehr feststellen, daß übertriebene Abstellung das Übertreten der Hinterbeine zu Lasten des Untertretens fördert – was den Nutzen der Übung teilweise aufhebt und zu unkorrektem Ausbalancieren des Pferdes führt: es neigt dazu, die Vorhand zu blockieren und mit der Hinterhand zur Zirkelmitte hin zu drängen.

3. Die Wendung der Vorhand um die Hinterhand kann auch mit Außenstellung ausgeführt werden; sie heißt dann »Konterschulterherein auf dem Zirkel«.

Soweit ihre Anwendung auf schwach gebogene Linien mit entsprechend begrenzter Biegung beschränkt bleibt, kann die Außenstellung eine interessante Korrekturmaßnahme für Pferde darstellen, die die Abstellung der Hinterhand zur Zirkelmitte hin verweigern und den Hals nach innen abknicken. In diesem konkreten Fall kann der Ausbilder die Wechselwirkung zwischen Schultern und äußerer Hüfte für sich ausnutzen.

4. Da die Vorhand gegen die Bewegungsrichtung wendet, werden die Vorderbeine zu äußerstem Raumgriff beim Übertreten gezwungen, was zum Anschlagen der Vorderfußwurzeln führt, wenn man den Zirkel verkleinert. Intensives Üben dieser Lektion ist daher unnatürlich und schädlich. Wird sie gar bis zur Hinterhandwendung getrieben, zwingt sie das äußere Vorderbein, hinter dem inneren zu kreuzen: das Pferd verkriecht sich.

5. Durch allmähliches Zirkelverkleinern im Travers gewinnt das Pferd an seitlicher Schulterfreiheit, während die Hinterhand mehr und mehr auf der Stelle tritt. Endziel ist die Ausführung einer kompletten Wendung des Pferdes um das innere Hinterbein: die Pirouette – eine Lektion, die später, wenn das Pferd einen hohen Grad an Versammlung erreicht hat, im Schritt, dann im Galopp und in der Piaffe ausgeführt werden kann.

An der Doppellonge ...

Der Ausbilder geht direkt hinter dem Pferd und lenkt es in gemessenem Schritt oder im verkürzten Trab auf einen Zirkel. Dann tritt er nach innen, um die Hinterhand mit dem äußeren Zügel einzurahmen und so die Kruppe nach innen zur Zirkelmitte hin zu führen. Der innere Zügel erhält die Biegung, wirkt nötigenfalls verwahrend auf die Hinterhand und sorgt für fleißiges Vorwärtsgehen.

Unter dem Reiter ...

Der zurückgenommene äußere Schenkel drückt das Pferd gegen den am Gurt liegenden inneren Schenkel, der die Längsbiegung erhält, die Abstellung der Hinterhand überwacht und nötigenfalls vorwärtstreibt. Der innere Zügel bestimmt die Halsbiegung, der äußere begrenzt sie. Beide Zügelfäuste verringern oder verstärken gegebenenfalls die Verschiebung der Vorhand, indem sie mehr nach außen oder nach innen gestellt werden. Um das Pferd auszubalancieren, richtet der Reiter sich gut im Sattel auf und

dreht den Oberkörper in die Bewegungsrichtung.

VERBESSERN DES SPRINGSTILS

»Der Rücken des Pferdes bildet die Brücke zur Überwindung des Hindernisses. Er muß sich frei aufwölben können, um Absprung und Landung koordinieren zu können.« Diese Ansicht stammt von Caprilli, und wer könnte sich qualifizierter dazu äußern, als der Erfinder des modernen Springstils?

Nachdem die Zeit der ganz kleinen Hindernisse vorbei ist, geht es nun darum, die Kräfte des Pferdes optimal einzusetzen, indem man über ernstzunehmendere Sprünge seinen Stil verbessert. In diesem Stadium kann der Ausbilder die Veranlagung der Remonte nur in dem Ausmaß zur Geltung bringen, indem er alle technischen Bedingungen schafft,

um das Vertrauenskapital zu erhalten. Jean d'Orgeix hat detailliert dargestellt, wie das Finden der Absprungstelle und das Abfedern am meisten durch Anreiten in kleiner werdenden Galoppsprüngen erleichtert werden; das Pferd nähert seinen letzten Galoppsprung der Grundlinie des Hindernisses, wobei es sich versammelt, was einen runden Sprung und damit bestmögliche Kraftausnutzung ergibt.

• Passend auf den Boden gelegte Stangen als Absprunghilfe ermöglichen es dem Ausbilder, den Absprung zu bestimmen, wie er möchte – je nach Hindernisform (dichter an einem Hochweitsprung als einem Steilsprung) und nach den Eigenheiten des Pferdes, die es zu korrigieren gilt (die Stange weiter weglegen, wenn es unterläuft, oder näher heran, wenn es im Gegenteil übertrieben anzieht und flach wird).

• Wird das Pferd aus einem großen Zirkel heraus in energischem Trab

gegen das Hindernis gelenkt, balanciert es sich dank der Kreislinie und der Absprunghilfe selbst aus.

• Der Ausbilder kann sich daher in der Absprungzone jegliches Eingreifen sparen und dem Pferd völlige Freiheit gewähren. Mit zunehmender Übung ergeben sich die Sprungtechnik und Zutrauen.

FÜHRUNG, ÜBERGÄNGE UND STIL BEIM SPRINGEN

Mit dem geschickten Aufbau eines Ricks und eines Oxers kann der Ausbilder an höchst lehrreichen Sprungfolgen arbeiten.

Auf der Acht wechseln unterschiedliche, doch passende Absprünge miteinander ab, das Pferd landet je nachdem auf dem rechten oder linken Fuß, wechselt die Hand zwischen den beiden Hindernissen und muß sich ständig neu ausbalancieren, da es nach jedem Sprung zum Trab übergeht.

FÜHRUNG, ÜBERGÄNGE UND STIL BEIM SPRINGEN

Werden diese Übungen an der Doppellonge sicher beherrscht, fällt ihre Ausführung später unter dem Reiter um so leichter. Sobald das Pferd dank der Absprunghilfen eine gute Sprungtechnik besitzt, kann es der Ausbilder im Galopp springen lassen. Hält er es für notwendig – sei es nun an der Doppellonge oder aufgesessen –, verlegt er die Absprungstelle; denn indem er den Bogen gegen das Hindernis erweitert oder verengt, kann er jederzeit problemlos die Distanzen verändern. Hier liegt das ganze Interesse des Springens auf dem Zirkel, da das Pferd sich ausbalanciert und die Absprungstelle sich durch einfaches Verlegen der Kreislinie korrigieren läßt. Im Parcours garantiert das Anreiten auf gebogenen Linien das Überwinden des Hindernisses und verschafft einen nicht zu verachtenden Zeitgewinn.

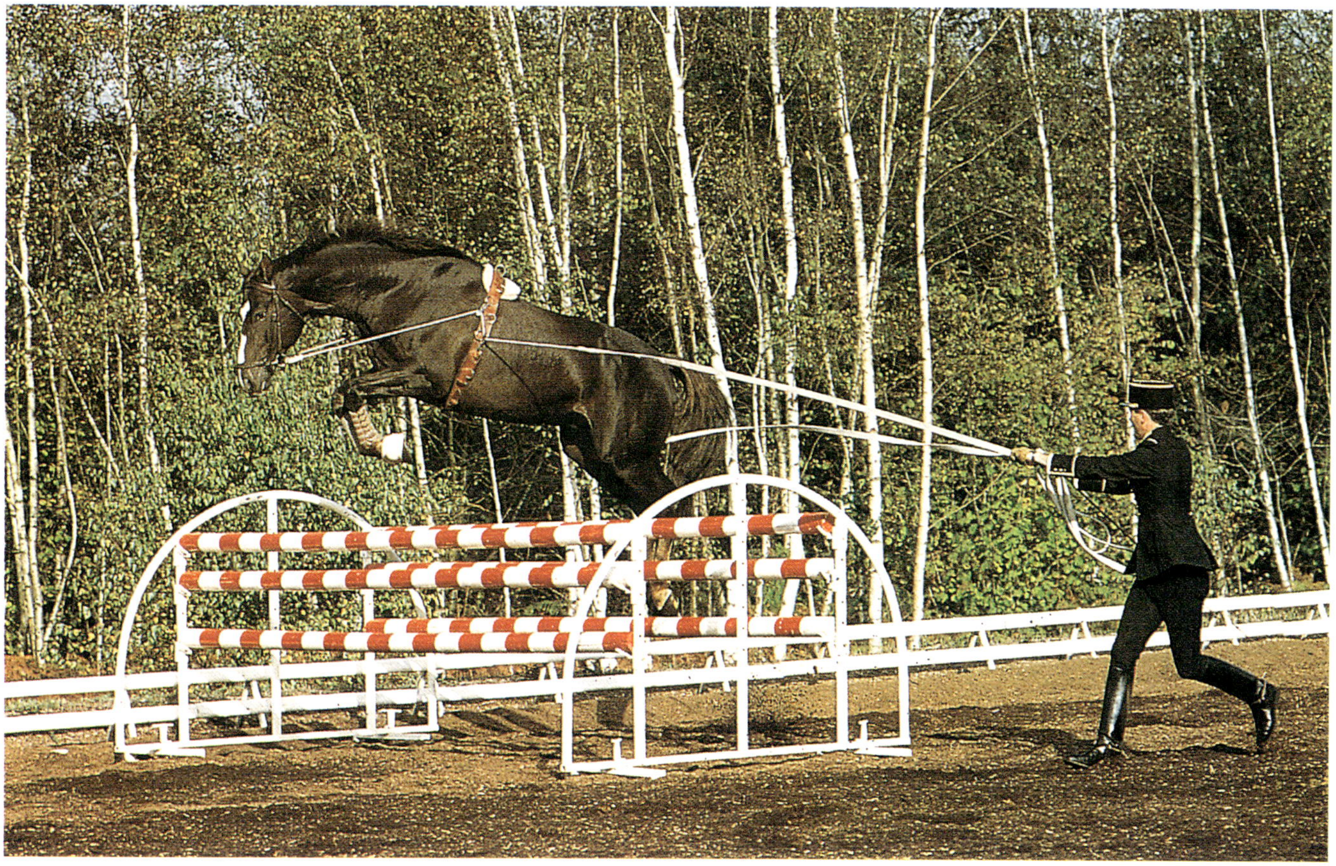

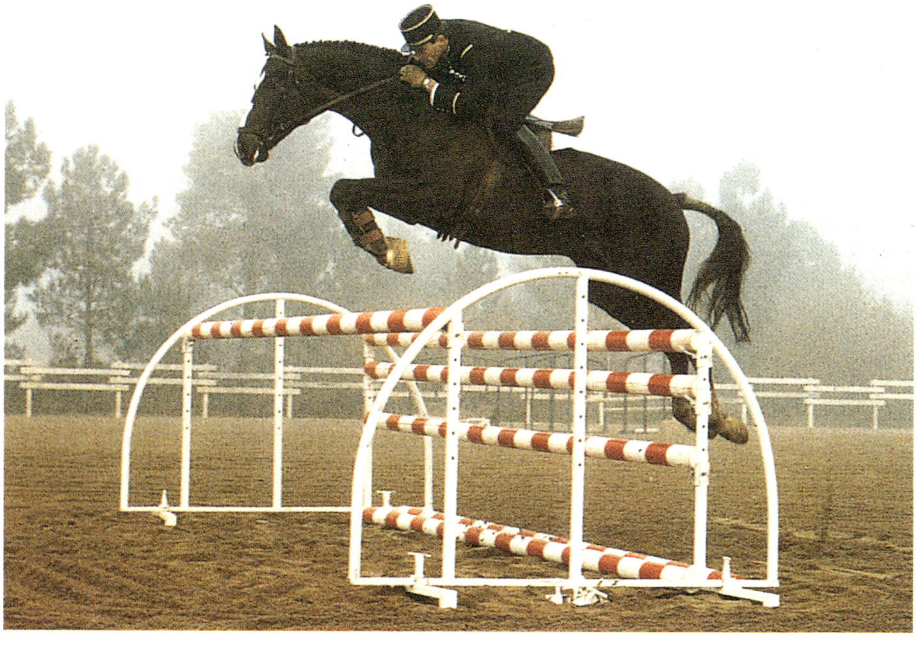

VI

VERVOLLKOMMNUNG

In der *Einführungsphase* wurde im Vorwärtsgehen und mit elastischer Dehnung der gesamten Oberlinie der Pferderücken aufgewölbt und gestärkt. Im Laufe der *Vertiefungsphase* wurde mit Hilfe von Seitengängen und Übergängen die seitliche Biegsamkeit entwickelt, die natürliche Schiefe bekämpft und das Gleichgewicht verbessert.

Alle gymnastischen Grundlagen zur *Vervollkommnung* der Wendigkeit und Balance fördernden Übungen sind also bereits vorhanden. Wenn diese Übungen bis zum größtmöglichen Ausdruck und bis zur Stilisierung der Grundgangarten fortgeführt werden, münden sie in die klassischen Lektionen. Die *Versammlung* erreicht ihren höchsten Grad, und das Pferd gewinnt unter dem Reiter die Ungezwungenheit und den Adel zurück, die es in Freiheit besaß.

TRAVERSALEN

Wie bereits ausgeführt, fördert das Schulterherein den Gehorsam auf die inneren Hilfen, biegt das Pferd und setzt es auf die innere Hanke – während das Traversieren den Gehorsam auf die äußeren Hilfen und die seitliche Beweglichkeit fördert. Mit dicht aufeinanderfolgenden Übergängen zwischen beiden Übungen bei gleicher Halsstellung kann der Reiter mangelnde Biegung sowie die Neigung bekämpfen, auf die innere Schulter zu fallen – beides Fehler, die beim Traversieren häufig auftreten.

Mit zunehmender Versammlung kann die Abstellung erhöht werden. Die Traversalen gewinnen an Kadenz und Ausdruck.

An der Doppellonge muß das Pferd nach dem Ausbilder hin gebogen bleiben, als wollte es in fleißigem Vorwärtsgehen ständig versuchen, vor ihn zu gelangen. Mehr als je muß es seine Bewegungen nach denen des Menschen ausrichten.

ZICKZACK-
TRAVERSALEN

Das Traversieren erreicht seine höchste Vollendung in der korrekten Ausführung der Zickzacktraversalen.

Das Pferd muß in weichen Übergängen von einer Seite zur anderen traversieren, ohne daß beim Umstellen der Biegung die Kadenz verlorengeht. Dazu bedarf es eines hohen Grades an Beweglichkeit, Biegsamkeit und Durchlässigkeit.

Sowohl an der Doppellonge wie vom Sattel aus muß in drei Schritten vorgegangen werden:

• die erste Traversale durch Geraderichten des Pferdes beenden;

• das Pferd nach der anderen Seite stellen;

• ... und dann die zweite Traversale verlangen.

Beispiel

An der Doppellonge:

• der Ausbilder beendet die Traversale nach links, indem er hinter das Pferd tritt und es mit Anzügen des rechten Zügels geraderichtet;

• immer noch hinter dem Pferd gehend, verlangt er die Rechtsbiegung und eine Verschiebung der Vorhand nach dieser Seite;

• wenn die gewünschte Stellung erreicht ist, tritt er auf die rechte Seite des Pferdes und läßt es nach rechts traversieren, indem er es mit dem linken Zügel einrahmt.

Die Hilfen, die der Ausbilder zu Fuß oder vom Sattel aus anwendet, ergänzen sich, da sie der gleichen Logik gehorchen, wenn auch in unterschiedlichen Situationen:

• der Standpunkt des Ausbilders spielt eine wesentliche Rolle, entsprechend der Gewichtsverlagerung des Reiters;

• das Anlegen der äußeren Leine an die Kruppe treibt das Pferd seitwärts, wie es der äußere, hinter dem

Gurt wirkende Schenkel des Reiters tut;

• die innere Leine, die direkt hinter dem Gurt in Verbindung mit dem Pferdekörper bleibt, überwacht das Seitwärtstreten und erhält den Vorwärtsdrang, wie es der am Gurt liegende Schenkel des Reiters tut.

Diese Sorge um stets streng analoge Hilfengebung an der Doppellonge und aufgesessen ermöglicht einen quasi parallelen Aufbau der Arbeit mit und ohne Reiter.

Eine zusammenhängende Sprache der Hilfen bewirkt ein viel sichereres Erlernen neuer Begriffe als der einfache Erwerb bedingter Reflexe auf der Grundlage beliebiger Übereinkunft.

An der Doppellonge werden die Zickzacktraversalen erst im Schritt, dann im Trab geübt.

Später, wenn der Galopp soweit gesetzt ist, daß der Ausbilder in großen Schritten mitgehen kann, können sie auch in dieser Gangart in Angriff genommen werden.

Da das Pferd sich im Galopp nur auf dem Fuß seitwärtsbewegen kann, der der Bewegungsrichtung entspricht, wird das Umstellen in der Traversale zu einer besonders günstigen Ausgangssituation, um die ersten fliegenden Wechsel an der Doppellonge zu verlangen.

SCHRITTPIROUETTE

Die Schrittpirouette wird durch Travers auf dem Zirkel mit zunehmendem Zirkelverkleinern gelehrt, bis zur kompletten Wendung der Vorhand um das innere Hinterbein, das im Idealfall immer wieder in seine eigene Spur tritt. Da die Hinterhand aktiv bleiben muß, ist es ratsam, sich lieber mit einem sehr kleinen Kreisbogen der Hinterbeine zufriedenzugeben, da dann der Fleiß leichter zu erhalten ist und vermieden wird, daß das innere Hinterbein am Boden klebt. So ergibt es sich jedenfalls an der Doppellonge, da das Pferd um den Ausbilder als Mittelpunkt herumtritt.

Je kleiner der Zirkel wird, desto stärker treten die Vorderbeine über und desto weniger die Hinterbeine. Je mehr die Lektion sich der Pirouette nähert, desto mehr fällt die Hauptrolle dem inneren Schenkel oder der inneren Leine zu, die für Fleiß und Untertreten des inneren Hinterbeins sorgen – während die Rolle des äußeren Schenkels oder der äußeren Leine auf das Verwahren der Hinterhand beschränkt ist.

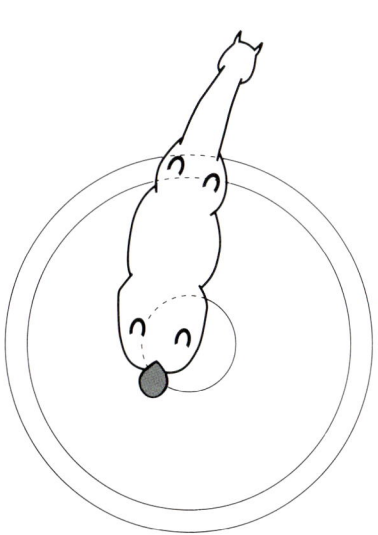

ANGALOPPIEREN VERSAMMELTER GALOPP

Solange das Pferd auf dem Zirkel um den Ausbilder herum arbeitet, wird der Galopp nur mit der Stimme verlangt – zunächst aus dem Trab, dann aus dem Schritt. Das Pferd verbindet sehr schnell den Fuß, auf dem es angaloppieren soll, mit der Seite, nach der es gebogen ist.

In der Vervollkommnungsphase kann der Ausbilder das Angaloppieren im versammelten Galopp auf gerader Linie verlangen. Z. B. Angaloppieren rechts:

• er hat das Pferd im Schritt vor sich, aufmerksam, geradegerichtet, mit fleißigen Tritten;

• er versammelt durch gut markierte Übergänge zwischen Schritt und Rückwärtsrichten;

• er bestimmt die Stellung: leichte Halsbiegung mit dem Zügel, Senken der linken Hand, um den linken Hinterschenkel mit dem Zügel einzurahmen und die Hinterhand unmerklich nach rechts zu verschieben;

• von der Stimme aufgefordert, galoppiert das Pferd an;

• die Zügel werden wieder symmetrisch gehalten.

Mit zunehmender Übung genügt schließlich die Rechtsbiegung zusammen mit der Berührung des tiefliegenden linken Zügels, um den Rechtsgalopp auszulösen, ohne daß es nötig wäre, die Hinterhand nach rechts zu stellen. Ist das Angaloppieren im versammelten Galopp aus dem Schritt, dem Halten oder sogar dem Rückwärtsrichten in der Arbeit unter dem Reiter bereits gefestigt, wird es von dem Pferd an der Doppellonge desto leichter verstanden und ausgeführt.

ELEMENTE
DER GALOPPIROUETTE

Mit zunehmender Versammlung und Verkleinerung des Zirkels im Travers kann das Pferd zu der engsten Wendung gelangen, die es im Galopp auszuführen vermag – der Pirouette.

Es ist dies eine Übung, »für die das Pferd äußerste Schulterfreiheit besitzen und sehr stetig und sicher auf der Hinterhand sein muß«. (La Guérinière).

Logischerweise würde eine ideale Vorbereitung dieser Lektion verlangen, daß das Pferd den Galopp auf der Stelle und die Piaffpirouette beherrscht. Charles Raabe war sogar der Ansicht, daß die *Pesade* mit zu dieser Vorbereitung gehört.

Tatsächlich muß das Pferd bei jedem Sprung mit der Hinterhand herumspringen, ohne je am Boden zu kleben, und die Vorhand unter Erhalt von Beizäumung und Biegung deutlich erheben.

In der Ausbildung wird über die Viertel-, halbe und Dreiviertelpirouette allmählich auf die ganze Pirouette hingeführt.

Da, wie F. Baucher lehrte, »die Stellung der Ausführung vorausgeht«, muß das Pferd versammelt und gebogen sein, bevor die Lektion verlangt wird. So bereitet die Volte der alten Meister (in Wirklichkeit ein Viereck im Travers) wirksam die in jeder Ecke ausgeführte Viertelpirouette vor.

Ähnlich schafft auch eine schulterhereinartige Stellung auf der langen Seite günstige Bedingungen für die halbe Pirouette.

Keine Methode kann vorgeben, ein Pferd an der Hand in der Pirouette auszubilden – doch ermöglicht es die Doppellonge als einzige, Ausschnitte aus der Arbeit an ihr vorzuführen, sei es als Test oder zu Demonstrationszwecken.

ARBEIT AN
DER VERSAMMLUNG

$$\text{VERSAMMLUNG} = \frac{\text{SCHWUNG}}{\text{TEMPO}}$$

Wie diese Formel zeigt, gibt es theoretisch zwei Wege zur Versammlung:

1. Bei starkem, jedoch gleichmäßigem Vorwärtsdrang das Tempo reduzieren – was der Motorbremse beim Autofahren entspricht. Es handelt sich in diesem Fall darum, die Passage aus dem Zurücknehmen des Schultrabs zu entwickeln; oder die Piaffe aus dem Verkürzen der Passage. Nachdem er sich im Vorwärtsgehen eines hohen Grades an Schwung versichert hat, verkürzt der Ausbilder allmählich den Gang – wobei er darauf achtet, den Fleiß beim geringsten Anzeichen von Nachlassen durch augenblickliches Zulegen zu erhalten. Durch diese abwechselnde Hilfengebung vermeidet der Ausbilder das gleichzeitige Einwirken gegensätzlicher Hilfen, womit er ein Prinzip anwendet, das F. Baucher in den Ausdruck »Hand ohne Schenkel ...« gefaßt hat. Diese Methode ist besonders geeignet, den Pferden die Passage zu lehren, die einen energischen Trab mit einer langen Schwebephase besitzen.

In diesem Fall kann die Arbeit an der Passage dem Erlernen der Piaffe vorausgehen.

2. Im verkürzten, jedoch regelmäßigen Tempo an Schwung zulegen. Mechanisch ausgedrückt: die Kupplung schleifen lassen.

Wenn der Ausbilder aus einem stark verkürzten, wenig raumgreifenden Schritt heraus sein Pferd treibt, ohne es schneller werden zu lassen, entsteht ein diagonales Treten im Schritt, aus dem erste piaffeartige Tritte im Vorwärtsgehen entstehen. Sobald das Pferd versucht, zuzulegen, verlangt der Ausbilder Halten oder Rückwärtsrichten, aus dem er

es wieder antreten läßt. Auch hier wieder werden die Hilfen abwechselnd gegeben, so daß die zweite Hälfte von Bauchers Formel zur Anwendung kommt: »... Schenkel ohne Hand«. Auf diese Weise kann man auch versuchen, die Passage durch Verstärken des Schwungs aus einem stark verkürzten Trab zu entwickeln. Diese Methode eignet sich vor allem, Pferde mit einem wenig ausdrucksvollen, flachen Trab die Piaffe zu lehren. In diesem Fall geht die Arbeit an der Piaffe dem Erlernen der Passage voraus.

Das letzte Wort soll General Decarpentry haben: »Gleich, in welcher Reihenfolge an Passage und Piaffe gearbeitet wird, die größte Schwierigkeit für den Ausbilder wird immer der Übergang zwischen beiden sein, *ihre Verbindung*, deren Vollendung dem Ganzen den Hauptanteil seines künstlerischen Wertes verleiht. Aus diesem Grund ist es fast immer von Vorteil, die *Stilisierung* des Trabes an beiden Enden auf einmal zu beginnen, das heißt, gleichzeitig mit der Passage und der Piaffe ...«

ARBEIT AN DER PIAFFE

Bei einem Pferd, dessen ganze Ausbildung von einer vernünftig aufbauenden Arbeit zu Fuß begleitet war, kann sich der Rückgriff auf die Doppellonge für das Erlernen der Piaffe als höchst wirksam erweisen. Aufgrund der bereits vorher geschaffenen Feinabstimmung zwischen Lehrer und Schüler und dank der ohne das Reitergewicht größeren Schulterfreiheit fällt es dem Pferd leichter, sich der neuen Übung entsprechend auszubalancieren.

Durch gut markierte, immer knappere Übergänge zwischen Rückwärtsrichten und Trab baut der Ausbilder die Versammlung auf:

• »Hand ohne Stimme...«: das Pferd tritt zurück, verlagert den Schwerpunkt auf die Hinterhand – wie besessen von der Idee des Antrabens...;

• »Stimme ohne Hand...«: das Pferd federt willig in den Trab – bereit, augenblicklich zum Halten zu kommen...;

• wenn der Ausbilder nach Belieben abwechselnde diagonale Vorwärts- und Rückwärtstritte verlangen kann, dosiert er beim Übergang aus dem Rückwärtsrichten mehr und mehr den Schwung mit kleinen Zügelanzügen: das Pferd geht immer weniger vorwärts, wird jedoch immer fleißiger. Es tritt bei ganz geringem Bodengewinn deutlich diagonal;

• das Pferd muß aus der Übung sofort energisch im Trab antreten und sie dann mit Halten beenden.

Erster Schritt

Die Lektion wird auf dem Hufschlag begonnen, um das Geradegehen zu gewährleisten.

Zu Beginn ist es oft nützlich, innen mitzugehen, wobei der äußere Zügel über den Pferderücken läuft...

• das Pferd hat den Ausbilder in seinem Gesichtsfeld und wird von eventuellen Peitschenhilfen weniger überrascht;

• bei den ersten Versuchen des Rückwärtsrichtens an der Doppellonge wird das Pferd leichter mit dem Ausbilder zusammen zurücktreten, wenn es ihn sieht;

• der Ausbilder bleibt außerhalb der Reichweite eines eventuellen Huftritts… der augenblicklich bestraft werden muß (tadelnder Zuruf und Touchieren mit der Peitsche unterhalb der Sprunggelenke);

• anfangs ist es oft nützlich, eine relativ tiefe Halseinstellung zu dulden, beziehungsweise das Pferd dazu zu ermutigen. So bleiben Anlehnung und Vorwärtsdrang erhalten, doch vor allem wird das Aufwölben der Nierenpartie und das Untertreten der wenig belasteten Hinterhand erleichtert. Dagegen wird das Pferd in dieser Haltung dazu neigen, vorne leicht unterständig zu treten – ein geringfügiger, vorübergehender Nachteil, der später mit der Aufrichtung von selbst verschwindet.

Zweiter Schritt
Der Ausbilder tritt in einer gewissen Distanz hinter das Pferd, die Leinen laufen über die kleinen Rollen am Gurt;

• er wahrt nach wie vor seinen Sicherheitsabstand;

• mit Hilfe der Leinen kann er viel besser und präziser treibend oder verwahrend auf die Hinterhand einwirken.

Im Verlauf der Arbeit unter dem Reiter werden dieselben Übergänge Trab-Rückwärtsrichten-piaffeartige Tritte ausgeführt, wobei auf folgende Punkte geachtet werden muß:

• Die Tritte werden durch einfache Gewichts- und Schenkelhilfen ausgelöst. Zu keinem Zeitpunkt darf der Reiter es zulassen, daß das Pferd gegen den Schenkel drückt. Ist es

faul oder unaufmerksam, straft er es mit einer Gerten- oder Sporenhilfe, gefolgt von sofortigem Passivwerden. Der Sporn dient nicht dazu, den Schenkel zu ersetzen, sondern dazu, ihm gegebenenfalls Respekt zu verschaffen. Ständiger Sporeneinsatz stumpft das Pferd ab, anstatt es schenkelgehorsam zu machen, und ruft oft unerwünschte Reaktionen hervor, wie unregelmäßige Tritte oder Schweifschlagen.

• Durch Aufrichten des Oberkörpers und Stehenlassen der Hand kann der Reiter das Pferd ausbalancieren und den Schwung dosieren. Sobald der Reiter mit der Hand nachgibt, muß das Pferd vorwärtsgehen.

Zu keinem Zeitpunkt duldet der Reiter, daß das Pferd sich auf den Zügel legt und durchgeht oder die Anlehnung aufgibt und hinter den Zügel kommt.

Die sogenannte »französische« Zügelführung ermöglicht es, die Einwirkung der Trense und der Kandare genau voneinander zu unterscheiden – und mit folgender Hilfengebung die Anlehnung zu verfeinern:

• wenn das Pferd sich auf den Zügel legt, kommt durch einfaches Stehenlassen der Hand die aufrichtende Wirkung der Trense zur Geltung, ohne störendes Einwirken der Kandare;

• versucht das Pferd, die Beizäumung aufzugeben und über die Hand zu kommen, bringt eine Drehung des Handgelenks nach unten die abbiegende Wirkung der Kandare zur Geltung, verbunden mit Nachgeben der Trense.

• Anwendung des Prinzips »Hand ohne Schenkel, Schenkel ohne Hand«. Je mehr die Durchlässigkeit des Pferdes auf die Reiterhilfen zunimmt, desto dichter können vortreibende und verhaltende Hilfen aufeinander folgen, ohne je völlig gleichzeitig eingesetzt zu werden.

Das aktive Untertreten der Hinterhand und der Hankenbug, verbunden mit der Halsaufrichtung, entlasten die Vorhand und erlauben es dem Ausbilder, das Tempo immer mehr zurückzunehmen, ohne an Schwung zu verlieren.

Am Ende dieses stufenweisen Trainings zeigt das Pferd, in Haltung und streng geradegerichtet, echte Piaffen. Die ganze Schubkraft der Hinterhand dient dem Abfedern nach oben. Alle Gelenke biegen sich elastisch. Die Aktion der Vorderbeine erreicht ihre höchstmögliche Erhabenheit. Die Tritte sind kadenziert, majestätisch, taktrein.

Die *Piaffe* »... gibt dem Pferd eine schöne Haltung, einen edlen und erhabenen Gang; in ihr werden die Bewegungen seiner Schultern frei und kraftvoll, während es in den Gelenken der Hinterhand weich und geschmeidig federt: all diese Eigenschaften werden bei einem höfischen Pferd und zum Ausbilden einer schönen Passage gesucht.« (La Guérinière)

DIE PASSAGE

Mit dem Zunehmen von Schwung und Biegsamkeit wird das Pferd völlig durchlässig auf die Hilfen. Der Ausbilder kann nun Fleiß und Tempo nach Belieben dosieren – zulegen, ohne schneller zu werden, oder verlangsamen ohne Verlust an Schwung. So entsteht die Passage als Trabstilisierung, die sich aus dem idealen Kompromiß zwischen Schubkraft und Tragkraft ergibt. »...Das Pferd nimmt eine Haltung hinter dem Zügel ein, wobei es sich aufrichtet und gleichzeitig flüssig vor dem Schenkel geht.« (General L'Hotte)

Je länger die Schwebephase andauert, desto schöner die Kadenz.

Die Passage wird durch abwechselndes Zulegen und Verkürzen im Trab gefördert und das Pferd immer schwungvoller. Je vollendeter die Ausführung, desto leichter das Pferd, das unter dem »Hauch des Stiefels« vibriert, »sein Gebiß kostet«, sich »eifrig in der Hinterhand und zartfühlend im Maul« zeigt.

Mit wechselnder Anlehnung korrigiert der Reiter die Haltung und festigt einen feinen Zügelgehorsam. Letztendlich ist das Pferd in der Lage, auf blanker Kandare, aufgerichtet, stetig und losgelassen zu passagieren, im »Passivwerden der Hilfen«.

Es muß auf geraden Linien wie auf Volten, Achten oder Serpentinen im Takt bleiben, symmetrisch treten und völlig geradegerichtet sein.

ARBEIT AN DER PESADE

In der *Pesade* sind die völlige Beherrschung des Gleichgewichts und der Höhepunkt der Versammlung erreicht. Verstärkt der Ausbilder, von der Piaffe ausgehend, das Untertreten der Hinterbeine und den Hankenbug, gelangt er an einen Punkt, wo die Vorhand so stark entlastet ist, daß das Pferd die Vorderbeine vom Boden lösen und einige Augenblicke im Gleichgewicht auf den Hinterbeinen verharren kann.

Die Doppellonge stellt dabei eine bedeutende Hilfe für das Pferd dar:

• ohne das Reitergewicht findet es leichter zu dem notwendigen instabilen Gleichgewicht;

• der Standpunkt des Ausbilders direkt hinter dem Pferd bringt es von jeglichem Gedanken an ein Zurücktreten ab und erhält so das Untertreten der Hinterbeine.

Die Hilfengebung:

• mit wiederholtem Zungenschnalzen bei feststehender Hand schafft der Ausbilder ein Übermaß an Schwung und maximales Untertreten der Hinterhand;

• hält er den Zeitpunkt für gekommen, rahmt er die Hinterhand gut mit den beiden Leinen ein, deren Anspannung er allmählich erhöht. Aufgefordert, den Körper zurückzunehmen, doch ohne die Möglichkeit, mit den Hinterbeinen zurückzutreten, balanciert sich das Pferd auf der Hinterhand aus, wobei es die Vorhand mit angewinkelten Vorderbeinen leicht erhebt;

• der Ausbilder bietet eine ziemlich feste Anlehnung, um das Pferd zu ermutigen, diese Haltung beizubehalten. Unter dem Reiter werden folgende Hilfen gegeben:

• Der Reiter intensiviert das abwechselnde Einwirken der beiden Schenkel, um das verstärkte Untertreten der Hinterhand hervorzurufen. Damit jede Verwechslung zwischen dem schulgerechten Piaffieren und diesen vorbereitenden Tritten vermieden wird, nimmt er die Schenkel etwas weiter zurück. Diese Vorsichtsmaßnahme verhindert, daß das Pferd später in der Piaffe unverlangte Pesaden ausführt;

• fühlt der Reiter, daß sich die Hinterhand stark gesenkt hat und die Vorhand entlastet ist, wirkt er gleichzeitig mit beiden Schenkeln, nimmt mit durchgedrücktem Kreuz die Schultern leicht zurück, wobei die Hand tief und ruhig stehenbleibt. Das Ganze läuft ab, als würde der Reiter mit seinen Gewichtshilfen zum Rückwärtstreten auffordern, das er jedoch mit seinen Schenkelhilfen verhindert.

• Um dem Pferd das Gleichgewicht auf der Hinterhand zu erleichtern, bietet der Reiter nötigenfalls eine ziemlich feste Anlehnung an. Sein Oberkörper muß deutlich senkrecht bleiben, um dieses empfindliche Gleichgewicht nicht zu stören.

Versucht das Pferd, sich zu verkriechen – sofort vorwärtsgehen. Ist es faul, zu einer energischen Piaffe zurückkehren. Legt es sich auf den Zügel und läßt sich mit der Vorhand aus der Lektion schwer auf den Boden fallen – rückwärtsrichten, erneut anpiaffieren und dann noch einmal die Pesade verlangen.

Das Wichtigste dabei ist eine gewisse anmutige Langsamkeit, mit der das Pferd sie beginnt und beendet, wobei Beizäumung und Losgelassenheit erhalten bleiben. Mit der Übung kräftigt sich die Hinterhand und das Pferd wird sicherer, so daß der Reiter mit passendem Einwirken seines Gewichts die Lektion verlängern und ihre Korrektheit mit dem »Passivwerden der Hand« überprüfen kann.

ARBEIT AN DER HAND UND AN DER DOPPELLONGE

Wie wir gesehen haben, kann die Arbeit an der Doppellonge beachtlichen Anteil am Erarbeiten der *Versammlung* haben. Dasselbe gilt für die *Arbeit an der Hand*, und obwohl hier eine detaillierte Analyse nicht in Frage kommt, drängt sich doch ein knapper Vergleich dieser beiden Arbeitsmethoden zu Fuß auf.

ARBEIT AN DER HAND

• Der in Schulterhöhe mitgehende Ausbilder führt das Pferd entlang der Bande oder Umzäunung.
• Das Pferd richtet seine Bewegungen nach denen des Menschen, der es mit Stimme und Gerte zum Vorwärtsgehen anhält. Die Kontrolle der Haltung und des Ganges fällt den Kandarenzügeln zu, die sehr kurz in einer Hand gefaßt werden, gleich unter dem Kinn des Pferdes. Indem es mit dem ganzen Körper auf die feststehende Hand zugeht, tritt das Pferd durchs Genick und zäumt sich bei.
• Mit Hilfe der verschiedenen Übergänge zwischen Schritt, Trab und Rückwärtsrichten regt der Ausbilder das Pferd zum Treten an, bringt es ins Gleichgewicht und versammelt es, bis es die Piaffe beziehungsweise Passage anbietet.

Es gibt auch die Möglichkeit, auf Trense zu arbeiten, wobei die Zügelhand am Widerrist steht.

Die *Pesade* kann an der Hand mit einem Pferd erarbeitet werden, das gut piaffiert.

Die anstehenden Kandarenzügel werden am Widerrist gehalten, das Pferd zeigt ein Höchstmaß an Beizäumung.

Das zusätzliche Untertreten der Hinterbeine wird durch tiefes Tou-

chieren mit der Gerte hervorgerufen. Fühlt der Ausbilder das Pferd bereit: gesenkte Hanken, leichte Vorhand... verstärkt er die Anlehnung, indem er den Oberkörper gegen die Hinterhand des Pferdes hinneigt und verhindert jegliches Zurücknehmen der Sprunggelenke durch wiederholtes leichtes Touchieren mit der Gerte. Das Pferd verlegt seinen Schwerpunkt auf die gewinkelten, am Boden haftenden Hinterbeine – und erhebt sich in die *Pesade*.

Wie immer bei der Arbeit an der Hand muß der Ausbilder darauf achten, vergleichbare Ergebnisse auf beiden Händen zu erzielen.

VERGLEICHSANSÄTZE

Anlehnung

An der Hand hat der Ausbilder unleugbar eine direktere und feinere Verbindung zum Pferdemaul und damit sämtliche Einwirkungsmöglichkeiten einer guten Hand: beliebiges Verändern der Haltung, Arrêts, vibrierende Anzüge... Hinzu kommt, daß ihm sein Standpunkt ein besseres Beobachten der Hals- und Kopfstellung gestattet als an der Doppellonge.

Schwung

Schon allein durch seinen Standpunkt übt der Ausbilder an der Doppellonge eine bemerkenswerte Herrschaft über den Vorwärtsdrang aus – er hat das Pferd im Wortsinn »vor sich«. An der Hand hängt seine Beherrschung von dem Gehorsam auf die Gertenhilfen ab, ist also weniger natürlich und sicher.

Beweglichkeit

An der Hand sind die Bewegungsmöglichkeiten des Pferdes denen des Ausbilders entsprechend beschränkt. Gelegentliches freies Vorwärtsgehen wird damit praktisch unmöglich.

An der Doppellonge dagegen kann man immer die Leinen herauslassen und das Pferd auf einem großen Zirkel in lebhaftem Tempo vorwärtsschicken. Ein bedeutender Vorteil.

Wendigkeit

An der Hand muß der Ausbilder sich praktisch auf Geradeausgehen auf dem Hufschlag beschränken.

An der Doppellonge lassen sich alle Hufschlagfiguren ausführen. Das Pferd kann auf Zirkeln, Achten, Schlangenlinien usw. passagieren und an jedem Punkt des Vierecks piaffieren. Gymnastisch interessant und psychologisch wertvoll.

Geraderichten

An der Hand, selbst wenn der Ausbilder sorgfältig mit der Arbeit auf der rechten und der linken Hand abwechselt, ist er doch nie in der Lage, symmetrische Hilfen anzuwenden.

Besonders seine Gertenhilfen, wie begabt er auch immer damit umgehen mag, werden fast immer ungleich bleiben – und daher oft eine Fehlerquelle sein für unregelmäßige Tritte, Schräggehen, Schweifschlagen, hüpfende Zwischenschritte...

An der Doppellonge ist es viel einfacher, das Geradegehen und die Regelmäßigkeit des Bewegungsablaufs zu sichern, da die Hinterhand eng von den Leinen eingerahmt wird und die Hilfen symmetrisch auf sie einwirken. Es ist daraus zu schließen, daß beide Techniken sich selbstverständlich ergänzen – sofern die Arbeit an der Doppellonge nicht weiterhin unterschätzt oder gar ignoriert wird...

TRADITION UND FORTSCHRITT

Der Ruf Saumurs als Reiterstadt reicht bis in die Zeit Heinrichs IV. zurück, als hier eine »Protestantische Akademie« gegründet wurde. An ihr lehrte Monsieur de Saint-Vual nach den Vorschriften von Monsieur de Pluvinel die Kunst, Pferde in den Pilaren zu versammeln. Trotz aller Wechselfälle der Geschichte blieb diese Tradition über vier Jahrhunderte hinweg erhalten. Natürlich mußte sie der immer größer werdenden Vielfalt der reiterlichen Ziele sowie der Weiterentwicklung der Methoden Rechnung tragen, da die Reiterei ein lebendiger Bestandteil unseres kulturellen Erbes ist. »Traditionspflege und Fortschrittsglaube schließen sich nicht aus«, erklärte Colonel Danloux, ein Ecuyer en chef des Cadre Noir, unvergessen wegen seiner Verdienste um die Einführung des modernen Springstils in Frankreich. Wenn die Ausführung klassischer Lektionen, die auf der ältesten Überlieferung beruhen, durch die Anwendung moderner Mittel wie der Doppellonge erleichtert wird, die weniger einengt als die Pilaren – wird damit nicht vielleicht dieser Ausspruch veranschaulicht?

Praxiswissen für Pferdebesitzer und Reiter

Tom Ainslie/Bonnie Ledbetter
Handbuch Pferd
Das Standardwerk der Pferdekunde – konkurrenzlos kompetent: präzise, umfassende Informationen und fachliches Know-how von 42 hochqualifizierten Fachautoren zu den Bereichen Zucht, Haltung, Ausbildung, Sport, Medizin und Recht.

Susan McBane
Das große Buch der Pferdeausrüstung
Die komplette Ausrüstung für Reit- und Fahrpferde im Detail mit vielen Zeichnungen: funktionell richtiger, dem Verwendungszweck angemessener Einsatz sowie Pflege und Wartung der einzelnen Ausrüstungsteile.

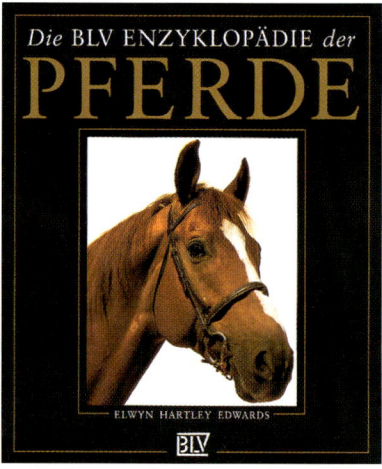

Kerstin Diacont
Bodenarbeit mit Pferden
Alle Aspekte der Bodenarbeit – vom psychologischen Grundwissen über das Pferdeverhalten bis zur Ausbildungsanleitung mit Übungen aus den Bereichen Dressur und Westernreiten sowie Beispielen zur Korrektur verrittener Pferde.

Elwyn Hartley Edwards
Die BLV Enzyklopädie der Pferde
Die ganze Welt der Pferde – der repräsentative Bildband mit über 1000 Abbildungen: Geschichte, Reitsport, Gestüte, Turniere, Zuchttrends und über 150 der wichtigsten Pferde- und Ponyrassen im Porträt mit Informationen zu Ursprung, Herkunft und Verwendung.

So verstehen Sie Ihr Pferd
Fundiertes Praxisbuch über Natur, Bewußtsein und Sozialverhalten des Pferdes: viele Beispiele zu Körpersprache und Problemlösungen, Anleitungen zur Erziehung des Fohlens, Tips zum Kauf eines Pferdes oder Rennpferdes.